Jochen Pfisterer

Zimmer-Bonsai

So gedeihen sie am besten

Experten-Rat für Kauf, Pflege und Gestaltung

Mit Farbfotos von Jürgen Stork und anderen Pflanzenfotografen

GU Gräfe und Unzer

Inhalt

Malerischer als in der Wirklichkeit: Baumgruppe en miniature.

Alle 1–2 Jahre wird umgetopft.

Richtig drahten will gelernt sein.

Wichtig: Der formende Schnitt.

Die Fotos auf dem Umschlag
Titelseite: *Ficus religiosa.* Streng aufrechte Form (CHOKKAN).
Umschlagseite 2: Rotblühender *Rhododendron* und *Ficus retusa.*
Umschlagseite 3: *Ulmus parvifolia* (Japanische Ulme). Stilform: Geneigter Stamm (SHAKAN).
Umschlagrückseite: Das erste Jahr in Bonsaigestaltung: *Rhododendron* (Azalee).

Ein Wort zuvor

Kleine Bäume im Zimmer sind ganz groß im Kommen. Immer mehr Pflanzenliebhaber lassen sich von der zauberhaften Welt dieser Baumminiaturen einfangen. Und sie haben entdeckt, wie dekorativ Bonsai im Zimmer aussehen. Doch bei der Wahl der Pflanzen heißt's für den Pflanzenfreund: aufpassen. Zimmer-Bonsai sind zwar wie die bekannten Freiland-Bonsai ganz normale Gehölze, die nach bestimmten Regeln gestaltet wurden, aber nur jene Arten fühlen sich in unseren Wohnzimmern wohl, die aus den warmen Zonen unserer Erde stammen: den Tropen, Subtropen und den Gebieten im Mittelmeerklima.
Die Pflege der kleinen Bäume ist nicht allzu schwer, wenn man die richtige Pflanzenart kauft und die Pflegemaßnahmen kennt, um den Bonsai „in Form zu halten".
In diesem farbigen GU Pflanzen-Ratgeber finden Sie 50 der schönsten Pflanzen, die sich für Zimmer-Bonsai eignen. Alle Pflanzen sind in brillanten – speziell für dieses Buch fotografierten – Farbfotos abgebildet. Pflegeanleitungen zeigen, wie sie am besten gedeihen und in Form zu bringen sind.
Neben der Wahl der Pflanzenart ist es wichtig, daß so ein kleiner Baum richtig gegossen, gedüngt und umgepflanzt wird – vor allem aber muß seine Form erhalten oder verbessert werden. Was Sie über diese speziellen Pflege- und Gestaltungsmaßnahmen wissen sollten, vermittelt der Autor Jochen Pfisterer, Biologe und Bonsai-Gärtner, auf eine ganz besonders anschauliche Weise: Zum Kennenlernen der Gestaltungsregeln erklärt er anhand von Fotos perfekt gestalteter Zimmer-Bonsai die wichtigsten Stilformen. Und wenn es dann um die Formerhaltung und Verbesserung des Bonsai, nämlich ums Schneiden und Drahten, geht, sind alle Handgriffe in Schritt-für-Schritt-Farbfotos dargestellt und erläutert. Was dem Ungeübten auf den ersten Blick schwierig erscheint, gelingt ihm mit Hilfe dieser leicht nachvollziehbaren „Schritt-für-Schritt-Kurse" in Formen und Gestalten rasch und problemlos. Auch was man sonst noch über Bonsai-Pflege wissen sollte, wird in genauen Anleitungen und anschaulichen Farbfotos erklärt. So fällt es auch dem Anfänger nicht schwer, Zimmer-Bonsai erfolgreich zu pflegen und – je nach Art – auch zum Blühen zu bringen.
Da auch Zimmer-Bonsai von Schädlingen befallen werden können, finden Sie genaue Anleitungen für die giftfreie Schädlingsbekämpfung in der Wohnung.
Fundierte Ratschläge für Pflege und Gestaltung sind nicht alles, was dieses Buch zu bieten hat. Es führt Sie noch einen Schritt weiter, indem es Ihnen auch beim Einstieg in die „hohe Schule der Bonsaikunst" hilft. Der Autor zeigt in leicht nachvollziehbaren Schritt-für-Schritt-Fotos, wie Sie aus einer ganz normalen Topfpflanze einen Bonsai selbst gestalten können. Sie lernen so problemlos die künstlerische Seite des Bonsai-Hobbys kennen und bekommen sicher Mut, sich an schwierigere Gestaltungsversuche zu wagen.
Viel Freude an Ihrem Zimmer-Bonsai wünschen Ihnen der Autor und die GU Naturbuch-Redaktion.

Der Autor
Jochen Pfisterer, Biologe und Gärtner, Mitinhaber einer Bonsaigärtnerei und Mitarbeiter bei der Gartenfachzeitschrift „mein schöner Garten", pflegt und gestaltet seit mehr als zehn Jahren Bonsai und vermittelt in regelmäßigen Kursen seine praktischen Erfahrungen.

Autor und Verlag danken allen, die zum Gelingen dieses Buches beigetragen haben: Jürgen Stork, Andreas Riedmiller und den anderen Pflanzenfotografen für die außergewöhnlichen Farbfotos.
Ein besonderer Dank für seine Unterstützung gilt Paul Lesniewicz, Bonsai-Centrum Heidelberg, der einen Großteil der abgebildeten Zimmer-Bonsai zum Fotografieren zur Verfügung gestellt hat.

Attraktiver Orangenjasmin.
Murraya paniculata, gestaltet als Zwillingsstamm (SOKAN), ist etwa 40 Jahre alt und über 50 cm hoch. Er blüht im Frühsommer mit weißen, betörend duftenden Sternblüten. ▷

Bonsai – ideale Welt im kleinen

Bonsai sind Baumminiaturen, die aus ganz normalen Gehölzen gestaltet werden. Für Zimmer-Bonsai verwendet man Pflanzen aus den warmen Zonen unserer Erde: den Tropen, Subtropen und den Gebieten mit Mittelmeerklima. Viele dieser Gehölze kennen wir als üppige Kübelpflanzen für die Terrasse. Im Fernen Osten hat die Bonsaikunst eine Tradition von mehr als tausend Jahren.

Was ist ein Bonsai?

Der Name Bonsai setzt sich aus zwei japanischen Schriftzeichen zusammen. BON bedeutet Schale und SAI Baum. Wörtlich übersetzt sind Bonsai also nichts weiter als »Topfbäume« oder, besser formuliert, Kübelpflanzen. In Wahrheit sind sie jedoch idealisierte Abbilder mächtiger, alter Bäume, die in jahrelanger Arbeit, oft über Generationen hinweg, ihre Gestalt erhalten haben. Als Pflanzenmaterial verwendet man junge oder schon 4 bis 6 m hohe, knapp über der Wurzel gut verzweigte Bäume aus Wald und Flur, Baumschule oder Gärtnerei. Durch kunstvollen Schnitt und behutsames Formen mit Stützdraht erhalten sie allmählich ihre Gestalt.

Ursprung der Bonsaikunst

Die Wiege des Bonsai stand vor über tausend Jahren in China. Die beiden Schriftzeichen sind dieselben wie in Japan, der Chinese liest sie jedoch nicht als BON-SAI, sondern als PEN-JING.

Die Entstehung dieser Kunst erklärt sich aus der Vorstellung, alle Erdenwesen, also Steine, Pflanzen, Tiere und der Mensch, würden in nahezu unendlicher Reihenfolge auf diese Erde wiedergeboren. Ein Stein kann also zum Menschen, ein Mensch im nächsten Leben zur Pflanze werden und so weiter. Die nächsthöhere Daseinsstufe soll man durch eine größtmögliche geistige Vervollkommnung erklimmen können. Die dazu notwendige innere Abgeklärtheit versucht man durch Meditation zu erlangen. Eine der möglichen Übungen ist die ruhige, stundenlange Betrachtung eines Baumes in der Natur. Wohl aus Platzgründen wurde daraus der Bonsai. Dieser Baum-in-der-Schale bot die zusätzliche Möglichkeit, verschiedene Baumarten und Wuchsformen zu sammeln.

Als der Bonsai erfunden wurde…

Eine hübsche Geschichte erklärt die Entstehung der Bonsaikunst aus dem Buddhismus und der Mode altchinesischer Palastdamen, sich die Füße zu schnüren:

Gautama Siddharta, der Buddha, pflegte unter großen Bäumen zu meditieren und zu predigen. Diese Bäume wurden nach seinem Tod zu Wallfahrtsorten. Als sich diese Religion nach Osten ausbreitete, wurden dortige Baumheiligtümer ebenfalls zu Orten buddhistischer Verehrung.

Um das Jahr 60 n.Chr. trat der chinesische Hof zum Buddhismus über, und hier soll bezüglich der Baumheiligtümer ein Wandel eingetreten sein: Um dem Rummel der öffentlichen Wallfahrtsorte zu entgehen, begann der chinesische Adel, die verschiedenen »heiligen Bäume« und ganze Landschaften in seinen Privatparks nachgestalten zu lassen. Zu diesem Zweck mußten die Gärtner relativ junge Bäume pflanzen und zu verkleinerten Kopien der altehrwürdigen Vorbilder umgestalten.

Da sich die chinesischen Palastdamen ab dem 11. Jahrhundert ihre Füße auf Puppengröße schnürten und damit nicht gehen konnten, mußten sie zum Meditieren in den Park getragen werden. Ein pfiffiger Gärtner soll damals auf die Idee gekommen sein, den Baum zur Dame anstatt die Dame zum Baum zu tragen. Er nahm also einen möglichst kleinen Baum und pflanzte ihn zum bequemen Transport in eine Schale. Der Penjing/Bonsai war geboren.

Für jedes Wetter den passenden Bonsai

Diese neue Kunst bot für die Meditation ungeahnte Möglichkeiten: Da man nun große Sammlungen anlegen konnte, war es möglich, zu jeder Witterung, jeder Stimmung in der Natur einen passenden Baum bereitzuhalten: Knorrige Kiefern in windgepeitschter Form oder mit teilweise toten Ästen für die Zeit der Winterstürme, zierliche Ahornbäume und Blütenkirschen für milde Frühlingstage und so weiter.

Bizarre Halbkaskade (HAN-KENGAI): »Baum der Tausend Sterne«, Serissa foetida, aus Südchina.

Der Beginn japanischer Bonsaikunst
Um das Jahr 1200 brachten chinesische Gesandte die ersten Penjing nach Japan. Die japanischen Adligen waren von diesen, hier Bonsai genannten Topfbäumen begeistert, und schon bald überflügelten sie ihre Lehrer in der neuen Kunst. Im Laufe der vergangenen 800 Jahre entwickelten sie eine Fülle verschiedener Stilformen und besonderer Techniken, wie wir sie heute von japanischen Bonsai kennen.
Ein Bonsai soll möglichst alt und knorrig aussehen, als hätte er jahrhundertelang Wind und Wetter getrotzt. Die Krone wird sehr locker gestaltet, damit Äste und Stamm weitgehend sichtbar bleiben. Der Wurzelansatz liegt frei, wie bei einem Baum im Wald. Die zierliche Schale rundet das Gesamtbild harmonisch ab.

Ursprünglich Freilandpflanzen
In ihrer Heimat sind Bonsai prinzipiell Freilandpflanzen. Das liegt an der ursprünglichen Bedeutung als Meditationsobjekt: Der kleine Baum sollte den ihn betrachtenden Menschen in die Stimmung versetzen, die zur momentanen Witterung paßt. In der Wohnung wurde jeweils nur ein einziger Baum für wenige Stunden oder Tage aufgestellt. Die Sammlung selbst stand, schon aus Platzgründen, im Freien.
Heutzutage ist Bonsai auch in Japan ein höchst weltliches Hobby, nur wenige Menschen nehmen sich noch die Zeit zum Meditieren.

Zimmer-Bonsai
Europäer haben eine andere Beziehung zu Pflanzen. Sie sind gewöhnt, Topfpflanzen das ganze Jahr über in der Wohnung zu kultivieren und im Garten die Bäume in der Erde wachsen zu lassen. Aus diesem Grund bevorzugt man hier für die Bonsaigestaltung Pflanzen, die das ganze Jahr über im Haus gehalten werden können, warme Heizungsluft nicht übelnehmen und allenfalls zur Sommerfrische ins Freie kommen. Das Material für Zimmer-Bonsai sind daher Gehölze aus tropischen und subtropischen Regionen, zum Beispiel aus Südjapan und -china, den tropischen Regenwäldern, den Trockensteppen Australiens oder den Mittelmeergebieten, es sind Pflanzen, die uns als Zimmer- und Kübelpflanzen zum Teil seit langem vertraut sind.

Regeln für die Gestaltung eines Bonsai
Für die Gestaltung eines Bonsai gelten bestimmte Harmonieregeln. Die Längenverhältnisse zwischen Krone und Stamm eines Baumes sind ebenso festgelegt wie der ideale Platz eines Bonsai in seiner Schale. Dasselbe gilt für die zahlenmäßige Anordnung einer Gruppenpflanzung.

Das Lo-Shu-Quadrat
Ein in 9 gleiche Felder unterteiltes Zahlenquadrat (→ Zeichnung, mittlere Spalte) symbolisiert die Mitte des Firmaments und die 8 Himmelsrichtungen. Die Zahlen von 1 bis 9 stehen für bestimmte Eigenschaften der verschiedenen Himmelsgegenden. Die Summe aus jeder Zahlenreihe ergibt stets 15.
Der ideale Platz in der Schale: Die »5« im Zentrum des Lo-Shu-Quadrats gilt als Sitz der Götter. Der den Göttern nächste Platz sind demnach die Schnittpunkte der Randfelder mit der Mitte. Diese sind somit auch die idealen Pflanzpunkte für einen Bonsai in seiner Schale.
Längenverhältnisse: Auch zur Errechnung der idealen Proportionen eines Bonsai nutzt man das Lo-Shu, und zwar die mittlere Zahlenreihe: 7, 5, 3. So verhält sich die Gesamthöhe eines Baumes zur Krone und zur Stammhöhe wie 7:5:3. Beispiel: Bei einem Bäumchen von 21 cm Höhe müßte im Idealfall die Höhe der Krone 15 cm und die des Stammes 9 cm betragen. Ebenso läßt sich die richtige Größe der Schale berechnen – das Verhältnis zwischen Kronendurchmesser beziehungsweise Baumhöhe zu Schalenlänge sollte 7:5 betragen. Ein Baum mit einer Höhe von etwa 28 cm sollte also in eine Schale von 20 cm Länge gepflanzt werden.
Gruppenpflanzungen: Geht man auch hier nach der Zahlenreihe 7, 5, 3 vor, so wird man bei einer Pflanzung von 8 Bäumen diese in 2 Gruppen von 5 und 3 Bäumen unterteilen. In einer Gruppe von 3 Bäumen könnten diese unterschiedlichen Längen im Verhältnis 7:5:3 (also zum Beispiel 35 cm, 25 cm, 15 cm) haben.

Lo-Shu-Quadrat, Modell für die Harmonie des Kosmos. Jede Reihe addiert sich auf 15. Die 5 gilt als der zentrale Göttersitz.

Fibonacci-Sequenz
Die zweite wichtige Zahlenreihe ist die Fibonacci-Sequenz. Hier ergibt sich die nächste Zahl stets aus der Summe der beiden vorhergehenden: 1, 1, 2, 3, 5, 8, 13, 21, 34 und so weiter. 3 Bäume pflanzt man demnach in 2 Gruppen zu 1 und 2 Bäumen. Eine Gruppe von 5 Pflanzen würde man in je 1 Gruppe von 2 und 3 Exemplaren unterteilen.

Stilformen japanischer Bonsai
In seiner ursprünglichen Bedeutung als Meditationsobjekt sollte der Bonsai dazu dienen, sich bei seiner Betrachtung den Kräften der Natur besonders nahe zu fühlen. Aus diesem Grund sind die verschiedenen Stilformen der japanischen Bonsai keine Kunstprodukte im Sinne frei erfundener Formen, sondern sie sind stets Vorbildern in der freien Natur abgeschaut.

Kopien natürlicher Bäume
Ein gut gestalteter Bonsai muß so aussehen, als könnte man ihn genau in dieser Form auch als großen Baum in der freien Natur finden. Wenn Sie einen Bonsai vor einer Landschaft betrachten und die Schale abdecken, dann sollte der Eindruck entstehen, der Baum wäre ein Teil davon. Einige Abstriche muß man allerdings machen: Weder hat ein Bonsai viele feine Zweige wie ein großer Baum, noch sind seine Blätter oder Nadeln so winzig, wie es dem verkleinerten Maßstab entsprechen würde. Ein Bonsai ist also keine genaue Kopie, sondern vielmehr die Abstraktion eines natürlichen Baumes.
Ein Bonsai wächst in einer flachen Schale oder einem hohen, schlanken Gefäß. Die flache Schale entspricht einer Felsplatte oder einer Wiese. Die hohen Gefäße, die man für Kaskaden verwendet, stehen für den Felsen, aus dem der Baum herausragt.

Waldform (YOSE-UE), Sageretia thea, etwa 30 Jahre alt und 45 cm hoch.

Zwillingsstamm (SOKAN), Sageretia thea, etwa 45 Jahre alt, 35 cm hoch.

Die wichtigsten Stilformen japanischer Bonsai werden nachfolgend in Bild und Text vorgestellt. Genannt werden stets der deutsche und der japanische Name sowie die symbolische oder philosophische Bedeutung.

Waldform (YOSE-UE)
»Das Flüstern der Blätter – die Stille im Wald«
Das Foto (links oben) zeigt: *Sageretia thea* (Falscher Tee).
Vorbild: Eine bewaldete Insel, die Gipfelplatte eines Felsens oder ein Feldgehölz in der freien Landschaft. Die Bäume am Rand der Gruppe tragen an der Außenseite Äste bis fast zum Boden. Die Bäume im Inneren dagegen haben kahle Stämme (die Äste sterben aus Lichtmangel ab) und flache Kronen.
Bonsai: Ein Bonsaiwald muß aus mindestens 5 Bäumen bestehen. Mit Hilfe der idealen Zahlenreihen von Lo-Shu und Fibonacci-Sequenz pflanzt man die Bäume in unterschiedlichen Abständen und unterteilt die Gesamtmenge in einzelne Gruppen. Der Japaner bevorzugt ein »ruhiges« Arrangement und verwendet stets Bäume einer einzigen Art. Ein »Mischwald« wirkt nur dann natürlich, wenn man Bäume kombiniert, die auch in der Natur zusammen wachsen. Dann haben auch alle Pflanzen die gleichen Pflegeansprüche.

Zwillingsstamm (SOKAN)
»Aus einer Wurzel streben wir zum Licht«
Das Foto (links unten) zeigt: *Sageretia thea* (Falscher Tee).
Vorbild: Weiden und Erlen an einem Bachlauf oder Schirmpinien am Mittelmeer können so wachsen: Zwei Samen haben dicht nebeneinander gekeimt. Da die Kronen der heranwachsenden Bäume allmählich immer mehr Platz benötigen, streben die Baumstämme auseinander.

Streng aufrechte Form (CHOKKAN), Bauhinie.

Frei aufrechte Form (MOYOGI), Birkenfeige.

Bonsai: Dieses Arrangement wirkt sehr lebhaft. Um der Pflanzung Spannung zu verleihen, wählt man stets 2 Bäume unterschiedlicher Größe und Stammstärke. Der Japaner nennt diese Gruppen »Mann und Frau« (wenn der zweite Bonsai nur wenig zierlicher ist) oder auch »Mutter und Kind«.

Mein Tip: SOKAN-Bäume werden in der Regel aus 2 einzelnen Bäumen gestaltet, die man eng zusammenpflanzt. Damit die beiden Stämme sich fast berühren, lockert man an der Paßstelle die Wurzelballen so weit auf, daß man sie nach beiden Seiten ziehen kann. Die beiden Bäume werden nun eng aneinandergestellt und mit einer Drahtschlinge, die am Stammansatz um beide Bäume geschlungen wird, fixiert. Entfernen Sie nach einem halben Jahr den Draht, er wächst sonst ein.

Streng aufrechte Form (CHOKKAN)
»Die Majestät«
Das Foto (oben links) zeigt: *Bauhinia tomentosa* (Bauhinie).
Vorbild: Wenn ein Baum in der Weite eines Parks oder einer Viehweide von allen Seiten Licht erhält, dann wächst er langsam und behäbig in die Höhe, breitet seine Äste nach allen Seiten aus und wird endlich zu einem prachtvollen Exemplar mit mächtiger Krone und dickem Stamm. Unter seiner Krone lagert das Vieh, der Wanderer findet seinen Rastplatz ...
Bonsai: Um das wuchtige Erscheinungsbild zu erhalten, verwendet man Bäume mit massigem Stammansatz. Das untere Stammdrittel bleibt frei von grünen Ästen. Die bevorzugten Pflanzschalen haben schlichte, glatte Formen mit stabilen Füßen.

Frei aufrechte Form (MOYOGI)
»Der fröhliche Lebenskünstler«
Das Foto (oben rechts) zeigt: *Ficus benjamina* (Birkenfeige).
Vorbild: In Europa zeigt die Hainbuche gern diese Form. Diese Baumart wächst sehr langsam. Da sie Schatten gut verträgt, gedeiht sie auch noch, wenn sie von schneller wachsenden Baumnachbarn überflügelt wird. Die Hainbuche wächst dann eben nach der Seite weiter, wo sie gerade das meiste Licht erhält. So entsteht mit der Zeit ein Baum mit einem gewundenen Stamm, dem man ansieht, daß er sich den jeweiligen Lebensumständen anzupassen versteht.
Bonsai: Der Stamm schwingt sich in eleganten Windungen zum Licht. Der unterste, dominierende Ast entspringt etwa nach dem ersten Drittel der Gesamthöhe. Der Gipfel steht senkrecht über dem Stammansatz.

Geneigter Stamm (SHAKAN)
»Ich stürze noch lange nicht«
Das Foto (rechts) zeigt:
Ulmus parvifolia (Japanische Ulme).
Vorbild: Vor allem an Bachläufen und an flachgründigen Steilhängen kann man so gewachsene Bäume finden. Durch irgendein Naturereignis ist der Baum beinahe umgestürzt, hat sich jedoch auf halbem Weg halten können.
Bonsai: Diese Gestaltungsform symbolisiert zähen Überlebenswillen. Der untere Teil des Bonsai ist geneigt, im Extremfall liegt er sogar auf der Erde auf. Die Spitze hat sich wieder aufgerichtet und wächst senkrecht nach oben. Die äußeren Astpartien stehen waagerecht.

Tips zur Gestaltung eines SHAKAN
Diese Bonsaiform läßt sich gut aus Pflanzen gestalten, die einseitig zum Licht gewachsen sind, weil sie im Blumenladen am falschen Platz standen. Zunächst pflanzt man sie so in ein größeres Gefäß um, daß der Gipfel senkrecht steht. Nun können die Äste mit Hilfe von Bonsaidraht waagerecht gestellt und, falls nötig, eingekürzt werden (Drahten → Seite 32, Schneiden → Seite 30).
Anschließend stellt man den künftigen Bonsai hell, gießt und düngt ihn regelmäßig und kürzt die zu lang wachsenden Seitenzweige etwa alle 10 Wochen ein.
Nach etwa einem Jahr wird die Pflanzenkrone einem Bonsai ähnlich sein. Nun kann der Wurzelballen das erste Mal bearbeitet werden: Die Hälfte der alten Erde wird mit einem Hölzchen vorsichtig entfernt, die Wurzeln um ein Drittel eingekürzt und der Baum in ein großes, flaches Gefäß umgesetzt.
Nach einem weiteren Jahr ist die Wurzel so kompakt, daß sie erneut eingekürzt und der inzwischen auch im Kronenbereich dichtverzweigte Bonsai in seine endgültige Schale gepflanzt werden kann.

Geneigter Stamm (SHAKAN), Japanische Ulme.

Besenform (HOKIDACHI), Ficus benjamina (Birkenfeige).

Besenform (HOKIDACHI)
»Vollendete Harmonie in milder Luft«
Das Foto (links) zeigt:
Ficus benjamina (Birkenfeige).
Vorbild: In der Rhön gibt es jahrhundertealte Viehweiden. Wegen ihrer »Hutebuchen« stehen sie heute unter Naturschutz. Diese Buchen haben breite, regelmäßige Kronen, die am unteren Rand wie abgeschnitten aussehen. Wind und Schnee haben die runde, dichtgeschlossene Krone geformt. Von unten knabbern die Kühe alle Zweige ab, die sie erreichen können. Diese Buchen sind Paradebeispiele für die Besenform. Gut geschnittene Obstbäume und die typischen Bäume im tropischen Regenwald entsprechen ebenfalls dieser Form.
Bonsai: Die Äste der Krone streben nach allen Seiten auseinander.

Halbkaskade (HAN-KENGAI), Celtis sinensis, etwa 50 Jahre alt.

Halbkaskade (HAN-KENGAI)
»Am steilen Felsenhang bin ich zu Hause«
Das Foto (oben) zeigt:
Celtis sinensis (Zürgelbaum).
Vorbild: Auf Felsvorsprüngen im Gebirge kann man Büsche von Ginster, Schlehe, Sanddorn oder Latschenkiefer finden. Der magere Boden gestattet es nicht, daß diese Bäume kraftvoll in die Höhe wachsen, aber wenn die Möglichkeit besteht, wachsen sie mit einem Ast in den freien Luftraum hinaus.
Bonsai: Diese Form symbolisiert trotzigen Überlebenswillen trotz Hunger und widrigster Lebensumstände. Für die Halbkaskade wählt man ein hohes Gefäß und stellt den Bonsai auf ein Podest.

Mein Tip: Azaleen eignen sich gut zur Halbkaskade, jedoch nicht zur Kaskade.

Kaskade (KENGAI), Ulmus parvifolia, etwa 35 Jahre alt.

Kaskade (KENGAI)
»Eine Felsspalte genügt zum Überleben«
Das Foto (unten) zeigt:
Ulmus parvifolia (Japanische Ulme).
Vorbild: In den südlichen Alpen krallen sich die Cotoneastersträucher in dieser Weise an die Kalkfelsen.
Bonsai: Die Kaskade ist eine der wildesten Stilformen japanischer Bonsaikunst. Sie soll so gestaltet sein, als würde der Baum seine Wurzel in die Spalte einer Felswand zwängen. Die schwache Krone hängt frei über der schwindelnden Tiefe, alle Zweige sind dem Licht waagerecht entgegengestreckt.

Literatenform (BUNJINGI)
»Tanz der Geisha im Frühlingswind«
Das Foto (Seite 13, links) zeigt:
Serissa foetida (Junischnee).
Vorbild: In Japan wächst die Mädchenkiefer, in Europa die Föhre in dieser Form. Ein ganz anderes Vorbild sind die filigranen, stark abstrahierten Baumdarstellungen auf japanischen Tuschezeichnungen. Die Künstler, die diese herrlichen Bilder auf zartes Reispapier zaubern, heißen in der etwas mißglückten Übersetzung »Literaten«.
Bonsai: Für diese äußerst künstlerische Stilform wählt man Bäume mit sehr schlanken Stämmen und setzt sie in relativ kleine runde oder vieleckige Schalen.

Wurzelform (NEAGARI)
»Ebbe und Flut haben mich geformt.«
Das Foto (Seite 13, rechts) zeigt:
Ficus retusa ssp. nitida (eine tropische Feigenart).
Vorbild: Natürlich gewachsene Bäume dieser Form findet man in den Mangrovenwäldern, wie sie an tropischen Stränden vorkommen, in Japan an der Südküste von Kyushu. Bei Hochwasser sind diese Bäume meterhoch überspült. Dann schaut nur noch die Krone aus dem Wasser.

Literatenform (BUNJINGI), Serissa foetida (Junischnee).

Wurzelform (NEAGARI), Ficus retusa ssp. nitida.

Um in dem feinen Schlick nicht von der Brandung fortgerissen zu werden, bilden Mangrovenbäume ein dichtes Geflecht aus Stelzwurzeln aus.
Bonsai: Zunächst zieht man den Baum in einem hohen Blumentopf, der nur im unteren Viertel Erde enthält, obenauf kommt Sand.

Die richtige Schale
Die Schale ist ein wichtiges Gestaltungselement. Form, Farbe und Material sollen zur Stilform des Bonsai passen. Bonsaischalen sollen jahrzehntelang ihre Schönheit bewahren, dehalb werden sie bei hohen Temperaturen so hart und wasserfest gebrannt wie Porzellan oder Steinzeug. Gute Bonsaifachgeschäfte führen aus Japan importierte Schalen, bei denen Qualität und Ästhetik stimmen. In Europa hergestellte Bonsaigefäße sind zwar preiswert, aber wenig dauerhaft, da sie bei niedrigen Temperaturen gebrannt sind.

Mein Tip: Geben Sie für Zimmer-Bonsai glasierten Schalen den Vorzug. Sie setzen weniger leicht Kalk an und sehen in der Wohnung gefälliger aus.

Im allgemeinen verwendet man flache Schalen mit rechteckiger oder ovaler Grundfläche. Idealmaß: Schalenhöhe = Stammdurchmesser, Schalenlänge = $\frac{5}{7}$ der Baumhöhe. Ein Bonsai von 20 cm Stammhöhe bräuchte demnach eine Schale von etwa 14 cm.

Einige Tips für die Verwendung der Schalen:

- Wenn man Bonsai in sehr flache Schalen einpflanzt (zum Beispiel Waldform, Geneigter Stamm) oder sehr kleine Schalen verwendet (Literatenform), dann sollte man jeden einzelnen Baum mit Bonsaidraht in der Schale fixieren (→ Seite 24).
- In den hohen Gefäßen für Kaskade und Halbkaskade kann bei reichlichem Gießen Staunässe entstehen. Deshalb füllen Sie das untere Drittel mit Drainagematerial (zum Beispiel Blähton für Hydrokultur).
- Waldform und Geneigter Stamm kann man auf Steinplatten pflanzen. Damit beim Gießen die Erde nicht davonschwimmt und auf der ebenen Fläche genügend Feuchtigkeit zurückbleibt, klebt man zu Beginn des Pflanzens auf die Platte einen Rand aus feuchtem Lehm. Dadurch entsteht eine flache Grube, in die mit Bonsaierde gepflanzt wird. Der Lehmrand verschwindet später unter einen Bepflanzung mit Bubiköpfchen *(Helxine soleirolii)* oder ähnlichem.

Ratschläge für Kauf und Standort

Zimmer-Bonsai stammen aus verschiedenen Klimazonen unserer Erde und haben daher ganz unterschiedliche Ansprüche an ihren Standort in der Wohnung. Es ist wichtig, schon beim Kauf der Pflanzen diese Bedürfnisse zu berücksichtigen. Mit einigen wenigen Maßnahmen können aber auch weniger geeignete Standorte im Zimmer noch »bonsaigerecht« gemacht werden.

Die Heimat bestimmt den Standort
Zimmer-Bonsai stammen aus den warmen Regionen unserer Erde, die sich grob in 4 Klimazonen unterteilen lassen:
- Tropen (die meisten *Ficus*-Arten),
- Subtropen (zum Beispiel *Serissa, Carmona),*
- Mittelmeerklima (Myrte, Pinie),
- Trockensteppen (alle Sukkulenten).

Die unterschiedlichen Gegebenheiten in der jeweiligen Heimat der Bonsai bestimmen die Ansprüche der Pflanze an den Standort in Ihrer Wohnung.
Prüfen Sie deshalb schon vor dem Kauf, ob Sie dem gewünschten Bonsai den geeigneten Standort bieten oder durch entsprechende Maßnahmen (wie künstliches Licht, → Seite 15) schaffen können.
Südfenster: Im Winter ist ein helles Südfenster für alle Zimmer-Bonsai ideal. Im Sommer aber, wenn über Mittag die pralle Sonne auf die Scheiben trifft, kann es so heiß werden, daß die Pflanzen verbrennen. Dann muß für Schatten gesorgt werden: mit einer Markise, einer Außenjalousie oder einem hellen, dichten Vorhang zwischen Scheibe und Pflanze.
Nord- und Ostfenster: Hier fühlen sich schattenverträgliche Tropenpflanzen wohl. Die Temperatur darf allerdings nie unter 18°C sinken.
Westfenster: Subtropische und mediterrane Pflanzen sind hier während des Sommers ideal untergebracht.
Hinweis: In den individuellen Bonsai-Pflegeanleitungen (→ Seite 39 bis 59) finden Sie präzise Angaben zum Standort.

Ans Winterquartier denken
Einige Zimmer-Bonsai wie Fuchsie und Granatapfel werfen im Winter die Blätter ab. Im warmen Zimmer fehlt ihnen die Winterruhe, sie kümmern. Für laubabwerfende Zimmer-Bonsai brauchen Sie deshalb ein Winterquartier, das eine Temperatur von etwa 3 bis 10°C hat.
Im entlaubten Zustand benötigen diese Pflanzen kein Licht. Von Mitte November bis Ende Februar kann man sie daher in einem dunklen, genügend kühlen Keller überwintern. Die Erde darf in dieser Zeit nie austrocknen. Ab März holt man die Pflanzen wieder ans Licht. Während der ersten vier Wochen sollte die Temperatur 15 bis 18°C nicht überschreiten.

Gesunde Pflanzen kaufen
Eine gesunde, ausreichend ernährte Pflanze hat fleckenloses, intensiv grünes Laub. Verfärbungen oder eingerollte Blattränder, kümmerlicher Neuaustrieb oder glänzender Belag auf den Blättern deutet auf Schädlingsbefall oder Mangelerscheinungen hin (→ Seite 27 bis 29).

7 Tips für den Kauf
1 Achten Sie auf Qualität. Haben Sie noch keine Erfahrung mit Zimmer-Bonsai, so wenden Sie sich am besten an eine Bonsaigärtnerei (→ Adressen, Seite 60). Hier finden Sie schöne, preisgünstige Jungpflanzen, die von einem erfahrenen Bonsaigärtner ihre erste Gestaltung erhalten haben und in einer soliden Bonsaischale sitzen.
Beim Kauf in Gartencentern oder Blumengeschäften sollten Sie die folgenden Tips besonders beherzigen.
2 Prüfen Sie, ob der Bonsai entsprechend den Stilregeln gestaltet ist. Sehr preiswerte Bonsai sollten Sie besonders kritisch anschauen. Bei diesen Billigbonsai handelt es sich oft um planlos gestutzte Jungpflanzen. Das richtige Ausschneiden der meist dichten, zur Kugel geformten Krone ist für den Laien kaum möglich.
3 Die Erde soll körnig sein, so daß Luft und Gießwasser leicht eindringen können. Billigbonsai sind oft in Einheitserde gesetzt, die wegen ihres hohen Torfanteils für Bonsai ungeeignet ist. Die falsche Erde muß in mehreren Schritten gegen Bonsaierde ausgetauscht werden.
Vorsicht, auch manche gut gestalteten Bonsai, die aus China oder Japan importiert sind, werden im

Ursprungsland in blanken Lehm gepflanzt. Dieser läßt sich kaum gießen, und die Wurzeln drohen zu ersticken. Den Lehm müssen Sie in 2 bis 3 Schritten gegen Bonsaierde austauschen.

4 Achten Sie darauf, daß der Bonsai fest in seinem Substrat sitzt.

5 Die Pflanze muß fleckenloses Laub und einen gesunden Neuaustrieb haben.

6 Der Bonsai sollte in einer hartgebrannten, zur Gestalt des Baumes passenden Bonsaischale wachsen (→ Seite 13).

7 Und nicht zuletzt: Vergewissern Sie sich, daß Sie auch wirklich einen Zimmer-Bonsai und nicht etwa einen Freiland-Bonsai erwerben (attraktive Zimmer-Bonsai sind auf den Seiten 39 bis 59 vorgestellt).

Mehr Licht für dunkle Ecken
Wenn Sie Ihren Bonsai mitten im Zimmer oder an einer Innenwand aufstellen wollen, benötigen Sie eine künstliche Lichtquelle mit ausreichender Leistung. Der Handel bietet eine ganze Palette spezieller Pflanzenleuchten an. Für welche Leuchte Sie sich dann entscheiden, ist mehr eine Frage Ihres persönlichen Geschmacks und der Summe, die Sie ausgeben wollen.

Pflanzen benötigen zu ihrem Wohlbefinden helles, sonnenähnliches, also leicht gelbliches Licht während 12 bis 14 Stunden täglich. Ob das Licht ausreicht, sehen Sie nach spätestens 4 Wochen: Ist der Neuaustrieb dunkelgrün, ist alles in Ordnung. Hellgrüner, vergeilter Neuaustrieb ist ein untrügliches Zeichen für Lichtmangel.

Quecksilberdampflampe: Diese Pendelleuchten eignen sich für einzelstehende Pflanzen sehr gut, sind aber relativ teuer. Sie erzeugen bei wenig Stromverbrauch ein sehr helles Licht.

Leuchtstoffröhre: Eine preiswerte Alternative sind Leuchtstoffröhren.

An dunklen Standorten schafft eine Pflanzenleuchte gute Lichtverhältnisse.

Ideal sind Kombinationen von einer Röhre »Tageslicht Weiß« mit einer Röhre »Warmton de Luxe« oder auch eine »Weiß« und zwei »Warmton«. Diese Leuchten eignen sich zur Ausleuchtung einer Nische, einer Vitrine oder eines dunklen Fensters.
Achtung: Quecksilberdampflampen und Leuchtstoffröhren gehören in den Sondermüll.
Eine Schaltuhr regelt die Brenndauer: Pflanzen haben einen sehr genauen inneren Rhythmus. Deshalb sollte die Zusatzbeleuchtung jeden Tag zur gleichen Zeit angehen und verlöschen. Dies läßt sich mit einer Zeitschaltuhr problemlos erreichen.

Bonsaipflege leicht gemacht

Bonsai haben wie alle Zimmerpflanzen ihre ganz individuellen Pflegeansprüche; sie müssen gegossen, gedüngt und umgetopft werden. In einigen Punkten unterscheiden sie sich ein wenig von anderen grünen Zimmerbewohnern. Sie benötigen eine spezielle Erde, werden beim Umtopfen wieder in dieselbe Schale gesetzt, und zum Gießen und Düngen braucht man ein wenig Fingerspitzengefühl.

Luftfeuchtigkeit erhöhen
Besonders in den Wintermonaten leiden viele Zimmer-Bonsai unter der viel zu trockenen Heizungsluft. Vor allem die klassischen Indoor-Bonsai wie *Sageritia, Serissa* und *Carmona,* die aus den subtropischen Küstenregionen Chinas und Japans stammen, sind hiervon betroffen. So können Sie Abhilfe schaffen:
Tablett mit Kiesfüllung: Stellen Sie Ihre Bonsai auf möglichst große Tabletts, die mit kalkfreiem Kies oder Lecaton gefüllt sind. Halten Sie diesen Kies ständig feucht. Das verdunstende Wasser erzeugt um die Pflanzen ein günstigeres Klima.
Bonsaiterrarium: Eine wesentlich höhere Luftfeuchtigkeit erzielen Sie, wenn die Bonsai in einem halb oder ganz geschlossenen Kulturraum stehen. Für einen kleinen Bonsai eignet sich ein Nur-Glas-Aquarium oder ein großes Goldfischglas. Für mehrere tropische Bonsai können Sie sich vom Glaser ein vorne offenes Terrarium in der Art einer Puppenstube anfertigen lassen. Ideal ist eine geschlossene Glasvitrine. Auf das Dach der Vitrine können Sie als Zusatzbeleuchtung eine leistungsstarke Aquarienlampe legen.

Die tägliche Zwiesprache
Das Geheimnis erfolgreicher Zimmergärtner ist das aufmerksame Beobachten der Pflanzen und die Fähigkeit, die feinen Signale, mit denen eine Pflanze ihren Gesundheitszustand mitteilt, zu erkennen. Bonsai sind ganz normale Pflanzen. Sie sind weder auf Zwergwuchs gezüchtete und entsprechend empfindliche Gewächse, noch sind sie Hunger- oder Krüppelformen, die besonders anfällig gegen Krankheiten und heikel in der Pflege wären.
Die Blätter oder Nadeln sind die wichtigsten Signalflächen, mit deren Hilfe eine Pflanze ihren augenblicklichen Pflegezustand mitteilt. Ihre Farbe variiert von sattem Grün (»Es geht mir prächtig.«) über Blaßgrün (»Ich fühle mich heute etwas schwach.«), graustichigen Grüntönen (»Ich bin nicht gesund.«) bis zu schwarz angehauchtem Grün (»Ich bin todkrank!«).
Auch die Stellung von Blättern und Nadeln gibt Hinweise auf den Zustand einer Pflanze: Bei strotzender Gesundheit stehen sie straff an den Zweigen. Das erste, untrügliche Anzeichen eines Pflegefehlers oder einer beginnenden Krankheit ist, wenn die Blätter ein wenig schlapp herunterhängen. Bei Nadelbäumen sind die Nadeln in diesem Fall leicht eingekrümmt.
Täglich 5 Sekunden Zeit sollten Sie Ihren Bonsai schenken. Das genügt bereits, damit Sie sich über ihren Pflegezustand informieren können:
- Hat sich die Farbe der Blätter verändert?
- Stehen Blätter beziehungsweise Nadeln straff an den Zweigen?
- Sind Flecken oder Verfärbungen an Blättern oder Zweigen zu sehen (Schädlingsbefall)?
- Fühlt sich die Erde feucht an, oder ist sie trocken?

Erst nach dieser kurzen Zwiesprache (»Hallo, wie geht es dir heute?« – »Ich hoffe, du kannst es sehen.«) enscheiden Sie, ob Sie zu Gießkanne, Düngerflasche oder Pflanzenschutzmittel greifen müssen.

Das richtige Werkzeug zur Bonsaipflege
Die chinesischen und japanischen Bonsaigärtner haben während der vergangenen tausend Jahre spezielle Techniken und Geräte entwickelt:

1

2

3

Die wichtigsten Bonsaiwerkzeuge zum Bearbeiten von Draht, Zweigen und Ästen, Erdoberfläche und Wurzelballen.

Die flachen, wasserdichten Pflanzschalen haben große Wasserabzugslöcher, die vor dem Einpflanzen mit passenden Netzchen abgedeckt werden – wie es gemacht wird, sehen Sie auf den Fotos Seite 23.
Zum Schneiden der Äste und Zweige gibt es spezielle Geräte: Scharf geschliffene Scheren für glatten Schnitt und Zangen mit scharf schneidenden Backen, um Äste direkt am Stamm zu entfernen.
Zum Lösen des dichten Wurzelfilzes verwendet man einen Eisenhaken oder ein angespitztes Hölzchen.

Zum Wässern wurden langhalsige Gießkannen mit feinster Brause entwickelt, die jedoch nur im Freien benutzt werden können.
Die Zangen zum Schneiden und Abwickeln des Formdrahtes entsprechen den europäischen Werkzeugen Seitenschneider und Flachzange.

Mein Tip: Mit dem Wurzelhaken sollten Sie vorsichtig umgehen, damit keine Wurzeln beschädigt werden.

Die Werkzeuge auf den Fotos:
1 Obere Reihe: Entdrahtzange zum Abwickeln, Drahtzange zum Abschneiden des Bonsaidrahtes, Bonsaischere für Äste und Zweige.
Untere Reihe: Konkavzange, um Äste direkt am Stamm zu entfernen, kleine Bonsaischere für feinste Zweige, Blattschneider, Pinzette zum Auszupfen feiner Triebe.
2 Kleiner Handbesen zum Glätten der Erde.
3 Wurzelhaken zum Herauslösen der verbrauchten Erde.

1 *Die trockene Erde wird zuerst mit einer Pflanzenspritze angefeuchtet. Der Wasserstrahl aus einer normalen Gießkanne würde von ihr abperlen.*

2 *Die angefeuchtete Erdoberfläche nimmt das Wasser problemlos auf.*

So gießen Sie Bonsai richtig

1 Erde anfeuchten: Ein Bonsai kann nicht mit einer normalen Gießkanne gegossen werden, denn in seiner Schale ist die Erde zu einem Hügel aufgewölbt, um den Charakter eines Landschaftsausschnitts zu erreichen. Von diesem Erdhügel fließt das Gießwasser jedoch ab, wenn nicht zuvor mit einer Pflanzenspritze angefeuchtet wurde.

2 Gießen mit Blumengießkanne: In die zuvor angefeuchtete Erde dringt das Wasser gut ein.

3 Gießen mit Bonsaigießkanne: Diese Kanne besitzt eine Brause mit feinsten Löchern, wodurch auch eine trockene Erdoberfläche mühelos benetzt werden kann. Man gießt so lange, bis überschüssiges Wasser aus den Abzugslöchern im Schalenboden fließt. Beim Gießen mit dieser Kanne gibt's eine Überschwemmung, deshalb besser nur im Freien (oder in der Badewanne) gießen.

Tauchbad bei großer Trockenheit

Ist ein Bonsai einmal zu trocken geworden, stellt man ihn für einige Stunden in ein Gefäß mit Wasser. Dabei sollte die Flüssigkeit nicht über den Schalenrand reichen. Gönnen Sie Ihrem Zimmer-Bonsai etwa alle 10 Tage ein Tauchbad.

3 *Die spezielle Bonsaikanne ist nur fürs Freie geeignet.*

Dochtbewässerung, die bequeme Dauerlösung

Diese Einrichtung erleichtert das Gießen erheblich: Die Bonsai stehen auf wassergefüllten Tabletts und saugen über Dochte das notwendige Naß selbsttätig auf.

Das benötigen Sie:

- Eine kräftige Häkelnadel zum Einziehen der Dochte.
- Geflochtene Zeltschnur.
- Wasserfeste, flache Tabletts, die in Farbe und Größe zu den Bonsai passen.
- Lecaton für Hydrokultur oder kalkfreien Aquarienkies.

So wird's gemacht:

1 Schneiden Sie von der Zeltschnur etwa 40 cm lange Stücke als Dochte ab. Nun führen Sie die Häkelnadel von oben durch das Abzugsloch, haken den Docht ein und ziehen ihn durch die Erde nach oben.

2 Ziehen Sie durch jedes Wasserabzugsloch einen Docht.

3 Stellen Sie die Bonsaischale auf ein kiesgefülltes Tablett. Der Bonsai selbst darf nicht im Wasser stehen! Drücken Sie die Dochte in den Kies und füllen Sie das Tablett mit Wasser.

Bonsai nicht zu naß halten: Diese sehr bequeme Gießmethode kann dazu verführen, Bonsai zu naß zu halten. Man sollte keinesfalls bereits nachgießen, wenn das Tablett kein Wasser mehr enthält, sondern erst, wenn die Erdoberfläche des Bonsai abgetrocknet ist.

Ferienbewässerung: Über Dochte gewässerte Bonsai müssen nur alle 8 bis 10 Tage gegossen werden. Stellt man sie in eine größere Wanne, die mit nassem Torf gefüllt ist, halten sie bis zu 3 Wochen aus.

Mein Tip: Testen Sie vor Ihrem Urlaub, wie lange der Wasservorrat ausreicht.

1 Der Docht aus Zeltschnur wird in die Häkelnadel eingehängt.

2 Der Docht soll noch 20 cm aus dem Abzugsloch herausragen.

3 Der Bonsai wird auf ein mit Kies gefülltes Tablett gestellt.

Das richtige Gießen

Ob's Zeit zum Gießen ist, kann man mit dem Finger leicht prüfen.

Die Faustregel für sachgerechtes Gießen lautet: Ist die Erdoberfläche naß, darf nicht gegossen werden – ist sie fast trocken, braucht die Pflanze Wasser.

Wichtig: Wenn eine Topfpflanze regelmäßig naß gehalten wird, faulen ihre Wurzeln, und sie geht ein. Die Erde darf also weder ganz austrocknen, noch zu oft gegossen werden.

Das richtige Gießwasser

Viele Zimmer-Bonsai stammen aus Lebensräumen mit kalkarmem Humusboden. Dazu gehören alle Tropenbäume *(Ficus)* und die Azaleen *(Rhododendron)*. Bei hartem Gießwaser leiden sie bald an Chlorose (→ Foto, Seite 28).

Wasserhärte des Leitungswassers erfragen: Rufen Sie bei Ihrem zuständigen Wasserversorgungsunternehmen an, dort kann man Ihnen genau sagen, welche Härte Ihr Leitungswasser hat. Liegt die mittlere Härte unter 10°dH, können Sie das Wasser problemlos für alle Bonsai verwenden. *Ficus* und *Rhododendron* sollten Sie jedes Jahr in Erde umpflanzen, die ⅓ Torf enthält.

Abkochen bei mäßiger Härte: Wenn die Härte Ihres Leitungswassers zwischen 10 und 15°dH liegt, genügt Abkochen. Da beim Kochen auch der Sauerstoff entweicht, sollten Sie das Wasser anschließend einige Stunden in einem flachen Gefäß stehenlassen.

Sehr hartes Wasser stets messen: Hartes Wasser oberhalb 15°dH sollten Sie aufbereiten. Um sicher zu sein, daß Sie nicht des Guten zuviel tun, messen Sie besser vor und nach der Behandlung Säuregehalt (pH-Wert) und Härtegrad. Die nötigen Mittel und Geräte erhalten Sie im Zoo- und Aquarienfachhandel.

- Der Säuregrad sollte pH 6,5 bis 7,0 betragen.
- Die Gesamthärte sollte unter 15°dH liegen.

Beimischen von Regenwasser: Regenwasser ist weich, kann aber auch sehr sauer sein (bis pH 3). Mischen Sie zunächst 1 l Leitungswasser allmählich mit so viel Regenwasser, bis die Messungen günstige Werte ergeben. Nun können Sie in diesem Verhältnis Ihr Gießwasser mischen.

Enthärten mit Torf: Hängen Sie in Ihren Vorratsbehälter für Gießwasser einen mit Torf gefüllten Leinenbeutel. Nach 1 bis 2 Tagen haben die Huminsäuren den Kalk neutralisiert. Die Torffüllung muß alle paar Wochen ausgewechselt werden.

Enthärtungsmittel aus dem Gartenfachhandel: Der Gartenfachhandel bietet eine Reihe pflanzenverträglicher Enthärtungsmittel an. Tabellen mit den für die jeweilige Wasserhärte notwendigen Mischungsverhältnissen liegen den Packungen bei.

Achtung: Verwenden Sie kein Enthärtungsmittel für Haushaltsgeräte. Diese Mittel enthalten Mischungen verschiedener Säuren oder Soda. Beides ist für Pflanzen schädlich. Wasser aus einer mit Kochsalz regenerierten Enthärtungsanlage ist ebenfalls ungeeignet. Auch Wasser, das durch Ionenaustauscher enthärtet ist, sollten Sie besser nicht verwenden. Es ist meistens zu sauer.

Düngen mit Maß

Bonsai wachsen in relativ wenig Erde, die entsprechend wenig Vorratsdünger enthält. Deshalb benötigen Bonsai regelmäßige Gaben von Flüssigdünger.

Flüssige Volldünger: Sie sind für alle Bonsai geeignet. Bonsai sind normale Bäume, die wachsen, blühen und manchmal sogar Früchte ausbilden. Volldünger enthalten alle Nähr- und Spurenstoffe in einem ausgewogenen Verhältnis. Empfehlenswert sind Flüssigdünger, die mit dem Gießwasser ausgebracht werden. Angesichts der geringen Erdmenge können feste Pulverdünger zu Wurzelverbrennungen führen.

Ideal: Organische Bonsai-Flüssigdünger: Der Fachhandel bietet speziell für Bonsai Lösungen von organischem Volldünger an. Bei diesen Düngern ist die Konzentration speziell auf die geringen Erdmengen der Bonsai abgestimmt.

Tips fürs Düngen

1 Verwenden Sie für Zimmer-Bonsai nur Flüssigdünger.

2 Von den handelsüblichen Blumendüngern nehmen Sie für Ihre Bonsai nur die halbe Konzentration.

3 Während der Sommermonate erhalten Zimmer-Bonsai alle 2 bis 3 Wochen eine Düngergabe, im Winterhalbjahr nur alle 4 bis 6 Wochen.

4 Alte, langsam wachsende Bonsai düngt man in doppelt so langen Zeitintervallen.

Umpflanzen – mit neuer Erde ins alte Gefäß

Bis auf wenige Ausnahmen (→ Pflegeanleitungen, Seite 39 bis 59) haben Zimmer-Bonsai keine eigentlichen Ruhepausen. Sie können deshalb zu jeder Jahreszeit umgepflanzt werden.

Im Gegensatz zu anderen Zimmerpflanzen bleiben Bonsai jahrzehntelang im selben Gefäß, nur die Erde wird erneuert. Bei einem Bonsai soll das Gefäß ein bestimmtes Größenverhältnis einhalten (→ Seite 13). Ist der Baum gewachsen, erhält er auch eine passende, größere Schale.

Charmante Dekoration.
Dem massigen Bonsai (Ficus retusa ssp. crassifolia) sind blühende Usambaraveilchen, in die gleiche Schalenform gepflanzt, zugesellt. ▷

1 Die Erde ist dicht von Wurzeln umsponnen – Zeit zum Umpflanzen.

2 Mit einem spitzen Hölzchen wird ⅓ der alten Erde entfernt.

3 Die Wurzeln scheinen nicht mehr in ihr bisheriges Gefäß zu passen.

4 Zu lange Wurzelfäden können problemlos eingekürzt werden.

Die ersten Schritte beim Umpflanzen

1 Wächst der Bonsai seit etwa einem Jahr in derselben Erde, heben Sie ihn behutsam aus der Schale und prüfen, ob sich am Rand des Erdballens ein dichter Wurzelfilz entwickelt hat. – Dann ist es Zeit, ihn umzupflanzen. Hat sich der Wurzelfilz bereits so stark entwickelt, daß er den Bonsai sichtbar aus der Schale hebt, ist es allerhöchste Zeit.

Lassen Sie vor dem Umpflanzen die Erde etwas trockener werden als üblich, sie löst sich dann leichter von den Wurzeln.

2 Nachdem Sie den Bonsai aus der Schale genommen haben, reinigen Sie diese mit einem alten Pinsel oder einem trockenen Tuch.

Entfernen Sie mit den Fingerspitzen oder einem angespitzten Hölzchen ⅓ bis ½ der alten Erde – nicht mehr!

3 Halten Sie jetzt den Bonsai in sein Gefäß, breiten Sie die Wurzeln flach aus.

4 Schneiden Sie anschließend so viel ab, daß zwischen Wurzeln und Schalenrand etwa ein Fingerbreit frei bleibt. Befestigen Sie nun, falls noch nicht vorhanden, das Abdecknetzchen über dem Abzugsloch der Schale.

Das Abdecknetzchen anbringen
Über jedem Abzugsloch der Bonsaischale müssen Sie ein Abdecknetzchen anbringen. Diese Netzchen erhalten Sie im Bonsaifachhandel.
1 Die Abdecknetzchen werden mit Draht in der Schale befestigt. Biegen Sie den Draht so, wie es das Foto rechts zeigt.
Gut eignet sich Draht in einer Stärke von 1 bis 2 mm.
2 Ziehen Sie die Drahtschlaufen durch das Netzchen.
3 Damit das Netzchen sicher an seinem Platz bleibt, biegen Sie die durch das Abzugsloch gesteckten Drahtenden um.

Tips fürs Umpflanzen
- Zeigt Ihr Bonsai Kümmerwuchs, entwickelt er zum Beispiel nur noch kleine, helle Blätter, ist meist die Erde »verbraucht«.
- Junge Bäume, die noch größer werden sollen, pflanzt man jedes Jahr um. Etwa jedes zweite Jahr erhalten sie ein um wenige Zentimeter größeres Gefäß.
- Ältere Bäume, die ihre endgültige Form erreicht haben, werden nur alle 2 bis 3 Jahre umgepflanzt. Sie kommen erst nach Jahrzehnten in ein größeres Gefäß.
- Warten Sie wenigstens 8 Wochen, ehe Sie einen frisch gedrahteten Bonsai umpflanzen oder bei einem frisch umgepflanzten Baum die Aststellung mittels Draht verändern.

Wichtig: Eine Topfpflanze kann nicht über viele Jahre hinweg in derselben Erde gedeihen. In dem begrenzten Gefäß reichern sich Wurzelschlacken an. Nach einiger Zeit hat die Pflanze außerdem den Humusanteil ihrer Erde aufgebraucht, damit gehen ihr die Nährstoffe aus. Das Pflanzgefäß ist dann von einem dichten Wurzelfilz durchzogen. Bonsai, die in ihren kleinen Schalen nur wenig Erde zur Verfügung haben, müssen daher rechtzeitig (in der Regel alle 1 bis 2 Jahre) umgepflanzt werden.

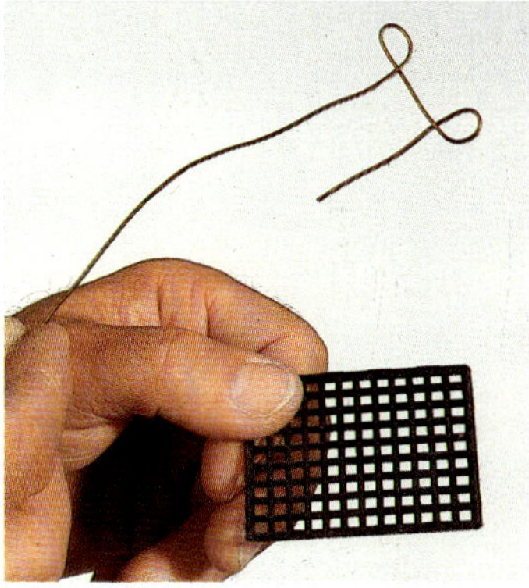

1 Abdecknetzchen für Abzugslöcher werden mit Draht fixiert.

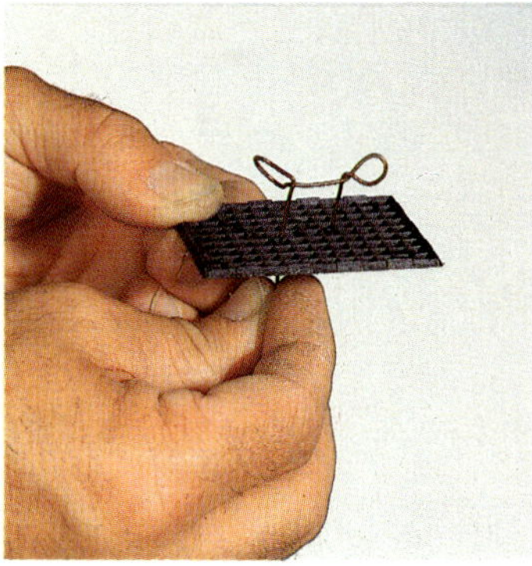

2 So zieht man die Enden der Drahtschlaufen durchs Netzchen.

3 Die Drahtenden durch das Abzugsloch stecken und umbiegen.

Die richtige Erde für den Bonsai
Bonsaischalen sind flach, ihr Scherben ist nicht porös. Damit das Gießwasser leicht eindringen kann, soll Bonsaierde eine körnige Struktur haben. Deshalb sollte eine gute Bonsaierde folgende Bestandteile haben:
- Lebender Humus – fördert das Wurzelwachstum.
- Poröser, grober Sand (Durchmesser 0 bis 4 mm) – nimmt das Gießwasser leicht auf und speichert es.
- Lehm – speichert ebenfalls Wasser und verhindert das Auswaschen der Nährstoffe.
- Torf – puffert den Kalk aus hartem Gießwasser ab.

Geeignete Erdmischungen
Spezielle Bonsaierde gibt es im Fachhandel zu kaufen. Die geeignete Mischung, abgestimmt auf die speziellen Ansprüche Ihres Bonsai, läßt sich jedoch ohne große Mühe auch selbst herstellen. Die Zutaten bekommen Sie im Gartenfachhandel.
Für fast alle Zimmer-Bonsai können Sie diese Mischung verwenden:
3 Teile torf- und lehmhaltige Einheitserde (TKS),
2 Teile Rindenhumus fein (Körnung 0 bis 8 mm),
2 Teile Bims- oder Lavasand (Körnung 0 bis 5 mm) oder Grolith fein (Körnung 2 bis 5 mm).
Tropenbäume (alle *Ficus-Arten)*, Azaleen und Fuchsien benötigen eine schwach saure Erde:
3 Teile Einheitserde (TKS),
2 Teile Pikiererde oder Azaleenerde,
1 Teil Rindenhumus fein (Körnung 0 bis 8 mm),
2 Teile Bims-, Lavasand oder Grolith.
Pflanzen der Trockensteppe wollen reichlich Sand:
2 Teile Einheitserde (TKS),
2 Teile Rindenhumus fein,
2 Teile Bims-, Lavasand oder Grolith.

1 Beim Einfüllen der Erde den Bonsai mit einer Hand festhalten.

2 Zum Fixieren des Bonsai zieht man einen Draht über die Wurzeln.

3 Das Drahtende kräftig anziehen und um den Stamm legen.

4 Die freiliegende Wurzel wirkt durch den Stein »natürlich«.

5 Die überschüssige Erde über der Wurzel mit einem Besen entfernen.

So wird der Bonsai wieder eingepflanzt

1 Nachdem Sie über jedem Abzugsloch ein Abdecknetzchen mit feinem Draht befestigt haben, füllen Sie nun eine dünne Schicht Erde in die Schale. Setzen Sie den Bonsai darauf, und bringen Sie ihn in die richtige Position.

2 Fixieren Sie ihn in dieser Stellung mit einem Draht (geeignete Drahtstärke: 2 bis 4 mm). Führen Sie den mit einer Schlinge versehenen Draht durch das Abzugsloch nach oben.

3 Halten Sie den Bonsai in seiner Position, ziehen Sie das obere Drahtende kräftig an, und biegen Sie es dann um den Stamm.
Füllen Sie jetzt so lange Erde ein, bis die Wurzeln überall gut bedeckt sind.

Mein Tip: Bonsai, die Sie aus Topfpflanzen selbst ziehen, haben oft krumm gewachsene Wurzeln, bedingt durch den engen Blumentopf. Schneiden Sie diese Wurzeln nicht ab, sondern beziehen Sie sie durch einen untergelegten Stein in die Pflanzung ein.

4 Drücken Sie mit den Fingerspitzen oder einem etwa bleistiftdicken Hölzchen die Erde gut zwischen die Wurzeln, füllen Sie gegebenenfalls weitere Erde nach. Achten Sie darauf, daß der Wurzelansatz – wie beim Baum in der Natur – frei bleibt. Legen Sie einen Stein unter die freiliegende Wurzel, sie wirkt so »natürlich«.

5 Überschüssige Erde läßt sich mit einem kleinen Handbesen leicht entfernen.

6 Stellen Sie den frisch eingepflanzten Bonsai in eine Schale, die so flach mit Wasser gefüllt ist, daß es nicht über den Rand der Bonsaischale reicht. Lassen Sie den Bonsai so lange im Wasser stehen (mehrere Stunden), bis die Oberfläche der Erde eindeutig naß ist.

6 *Der frisch gepflanzte Bonsai wird in einer flachen Schale gewässert.*

Pflege nach dem Umtopfen
Ein großer Teil der feinen Faserwurzeln, die den Bonsai mit Wasser versorgen, ist durch den Wurzelschnitt entfernt worden. Ihre Neubildung dauert etwa 2 bis 3 Wochen. Während dieser Zeit sollte der Zimmer-Bonsai an einem halbschattigen, mäßig warmen Platz stehen und sehr sorgfältig gegossen werden. Die Erde darf weder austrocknen, noch so naß gehalten werden, daß Fäulnis auftreten kann.
Nach dem Umpflanzen darf ein Bonsai erst nach 6 bis 8 Wochen wieder gedüngt werden.

Mein Tip: Die blanke Erdoberfläche eines frisch umgepflanzten Bonsai wirkt wenig »natürlich«. Im Freien und in der feuchten Atmosphäre eines Gewächshauses siedeln sich ganz von allein Moospflänzchen an. Bei Bonsai, die im Zimmer stehen, sehen Unterpflanzungen von Bodendeckern hübsch aus. Gut geeignet sind Bubiköpfchen *(Helxine soleirolii)* und Sternmoos *(Sagina subulata)*.
Eine gute Wirkung erzielt man auch durch eine Begleitpflanze in einer zum Bonsai passenden Schale (→ Foto, Seite 21). Damit Bonsai und Begleitpflanze miteinander harmonieren, sollten sie aus ähnlichen Klimazonen stammen.

Schädlinge und Krankheiten

Die Bekämpfung von Schädlingen und Krankheiten hat nur dann Erfolg, wenn man den jeweiligen Erreger erkennen kann. Um Ihnen die Diagnose zu erleichtern, finden Sie in diesem Kapitel Fotos einiger wichtiger Schädlinge. Viele Schädlinge sind mit für den Menschen harmlosen Mitteln erfolgreich zu bekämpfen. Die Anwendung gefährlicher Gifte sollte man besser Fachleuten überlassen.

Tierische Schädlinge
Nicht alle Pflanzensauger sind Insekten. Die tierischen Schädlinge an Zierpflanzen stammen aus zwei Tiergruppen: Insekten und Milben. Um sie erfolgreich bekämpfen zu können, muß man wissen, daß die Körperfunktionen dieser Tiere verschieden sind:
Während Insekten in Seifenwasser ertrinken, überleben Milben darin tagelang. Dagegen ist die Haut der staubkorngroßen Milben so zart, daß normaler Alkohol schon in Konzentrationen tödlich ist, die ein Mensch noch getrost trinken kann.
Auch Schadpilze, vor allem Mehltau und Grauschimmel, können Zimmer-Bonsai befallen. Pilze fühlen sich aber nur in feuchtem Klima wohl. In der Wohnung treten sie deshalb kaum auf. Nur wenn Sie eine größere Pflanzensammlung in einem Gewächshaus halten oder empfindliche Pflanzen im Winter in einer geschlossenen Vitrine kultivieren, kann Pilzbefall Probleme bereiten.

◁ *Attraktive Zypressengruppe.*
Die Bonsaigruppe aus Cupressus macrocarpa (Kalifornische Zypresse) ist etwa 60 cm hoch. Sie wurde vom Autor aus 2 m hohen Kübelpflanzen gestaltet.

Schädlingsbekämpfung ohne Gift
Im häuslichen Bereich sollten Sie grundsätzlich die Schädlingsbekämpfung zunächst mit Substanzen versuchen, die für den Menschen ungiftig sind. Erst wenn Sie damit keinen Erfolg haben, ist der Griff zu schärferen Mitteln zu überlegen.
Die Verwendung von giftigen Pflanzenschutzmitteln sollten Sie allerdings dem Fachmann überlassen. Bringen Sie also Ihren befallenen Zimmer-Bonsai zu einem Gärtner Ihres Vertrauens.
Beachten Sie bitte folgende Vorsichtsregeln, wenn Sie eines der wenig giftigen Pflanzensprays verwenden wollen:

- Lassen Sie sich ausführlich von einem Fachmann über die Anwendung beraten. Seit neuestem muß es im Gartenfachhandel wenigstens einen Verkäufer geben, der über die Anwendung und die Gefahren von giftigen und weniger giftigen Pflanzenschutzmitteln Bescheid weiß.
- Verwenden Sie die Pflanzensprays nicht in Wohnräumen, sondern bringen Sie die befallene Pflanze zur Behandlung ins Freie oder in einen separaten Raum (Bad, Garage), in dem keine Lebensmittel gelagert sind und der anschließend ausreichend gelüftet werden kann.
- Schützen Sie sich durch Gummihandschuhe vor Hautkontakt.

Wichtig: Die nachfolgend genannten Methoden und Mittel zur Bekämpfung von Schädlingen und Krankheiten sind für den Menschen weitgehend ungefährlich (Einschränkungen sind angegeben). Natürlich ist ein sachgemäßer Umgang mit den genannten Mitteln und Lösungen nötig. Achten Sie unbedingt darauf, daß Kinder nicht an die genannten Mittel gelangen.

Derris-Pyrethrum
Derris ist ein tropischer Schmetterlingsblütler, die Wurzel enthält das für Fische und Insekten giftige Rotenon. Pyrethrum ist der alte Name für zwei *Chrysanthemum*-Arten aus Kleinasien und Nordafrika, die in ihren Blüten Insektengifte enthalten. Rotenon und die Pyrethrine sind für den Menschen ungiftig. Mischungen dieser Wirkstoffe gibt es im Fachhandel.
Achtung: Gilt als ungiftig für Menschen und Säugetiere, da es über den Mund und die gesunde Haut schlecht aufgenommen wird. Wirkt aber nach neuesten Erkenntnissen äußerst giftig, wenn es das Nervensystem direkt über das Blut erreicht. Vorsicht also bei Verletzungen und Erkrankungen der Haut, vor allem bei Allergien! Nur mit Handschuhen und bei Windstille sprühen. Noch bedenklicher sind Insektizide mit Pyrethroiden, das ist synthetisch nachgebautes Pyrethrum.
Wirkt gegen: Blattläuse.

Seifenlösung

Seife und Geschirrspülmittel sind ungiftig. Trotzdem kann man mit ihrer Hilfe allen Insekten-Schädlingen zu Leibe rücken, indem man diese in Seifenlösung ertränkt. In blankem Wasser ertrinken Insekten nicht. Da ihr Chitinpanzer nicht benetzbar ist, bleibt ihr Körper beim Untertauchen von einer feinen Lufthülle umschlossen. Gibt man dem Wasser jedoch ein klein wenig Kern-, Schmierseife oder Geschirrspülmittel bei, kann das Wasser in ihre Atemröhren (Tracheen) eindringen.

So wird's gemacht:

Füllen Sie einen großen Eimer randvoll mit Wasser und lösen Sie darin ein wenig Seife oder 2 bis 3 Spritzer Geschirrspülmittel auf (nicht mehr). Legen Sie über den Rand des gefüllten Eimers 2 Kochlöffel, Kleiderbügel oder ähnliches.

Tauchen Sie nun den befallenen Bonsai kopfüber in die Lösung. Die Wurzel darf nicht mit der Seifenlösung in Berührung kommen, deshalb legen Sie den Wurzelballen auf die Kochlöffel.

Die Baumkrone kann getrost 2 bis 3 Stunden (!) in der Seifenlösung hängen.

Nehmen Sie nach dieser Zeit den Bonsai aus der Lösung und lassen Sie ihn abtropfen.

Am nächsten Tag überbrausen Sie ihn mit klarem Wasser.

Wiederholen Sie diese Prozedur 2- bis 3mal im Abstand von 3 bis 5 Tagen.

Wirkt gegen: Insekten.

Mein Tip: Blattläuse lassen sich auch bekämpfen, indem man sie mit einer 1%igen Schmierseifenlösung intensiv übersprüht (die Blätter müssen naß sein).

Blattlaus

Bis stecknadelkopfgroße, grüne oder schwarze Insekten. Geflügelte und flügellose Tiere kommen gemeinsam vor. Erstes Anzeichen ist ein glänzend-klebriger Überzug auf den Blättern (Honigtau, → Foto).

Bekämpfung: Seifenlösung (Spritzen oder Ertränken), Spritzen mit Alkohol und Insektiziden.

Wollaus

Erste Anzeichen sind watteähnliche Wachsausscheidungen in den Blattachseln. Darin verborgen sitzen die Jungtiere. Erwachsene Wolläuse sind platte, hellrosa, bis zu 5 mm lange Insekten.

Bekämpfung: Ertränken in Seifenlösung, Gießen mit systemisch wirkenden Insektiziden.

Schildlaus

Nur die winzigen (0,3 mm) Larvenstadien und die ebenso winzigen Männchen sind beweglich. Die reifen Weibchen sind als braune, festsitzende Pusteln auf Blättern und Zweigen erkennbar. Erstes Anzeichen ist Honigtau auf den Blättern.

Bekämpfung: Ertränken in Seifenlösung, Gießen mit systemisch wirkenden Insektiziden.

Chlorose

Mangelkrankheit, die bei *Ficus* und Azaleen auftritt, wenn sie mit zu hartem Wasser gegossen werden. Zur Vorbeugung in torfhaltige Erde pflanzen, mit enthärtetem Wasser gießen.

Behandlung: 0,5 g Eisensulfat auf 1 l Wasser. Die kranken Pflanzen damit mehrmals gießen, umtopfen in torfhaltige Erde.

Weiße Fliege
Die Larven sind 1 mm lang, grün und unbeweglich. Geschlechtsreife Tiere ähneln winzigen, weißen Schmetterlingen. Bei Berührung der Pflanze fliegen sie auf. Erstes Anzeichen: Honigtau auf den Blättern.
Bekämpfung: Ertränken in Seifenlösung, Gießen mit systemisch wirkenden Insektiziden.

Mehltau
Die Erreger sind Pilze. Sie bilden einen weißen Überzug auf den Blättern, diese sehen »wie mit Mehl bestäubt« aus. Zur Vorbeugung für trockenere Luft sorgen, Pflanzen nicht mit Wasser besprühen.
Bekämpfung: Spritzen mit Schachtelhalmtee, Wasserglaslösung oder Fungiziden.

Rote Spinne
Diese winzige (0,1 bis 0,3 mm) Milbe ist auch mit einer Lupe nur schwer auszumachen. Den Befall erkennt man an fleckigen Verfärbungen der Blätter.
Bekämpfung: Spritzen mit 25 %igem Alkohol, Akarizide. Die meisten Insektizide sind bei der Roten Spinne wirkungslos.

Wasserglas
Wasserglas erhalten Sie in Apotheken und Drogerien.
So wird's gemacht:
Stellen Sie zunächst eine Lösung in der Konzentration her, wie sie auf der Packung angegeben ist.
Verdünnen Sie hiervon nochmals eine kleine Portion im Verhältnis 1:10 mit Wasser und spritzen Sie damit die befallenen Pflanzen.
Eine Verdünnung 1:10 läßt sich folgendermaßen herstellen:
Nehmen Sie eine leere Literflasche und kleben Sie zunächst ein neues Etikett mit der Beschriftung »Wasserglas« darauf (Unfallschutz: Wasserglas ist kein Getränk!).
Messen Sie mit einem Wein-Probierglas (0,1 l) oder mit einem Meßbecher 100 ml der Stammlösung in diese Flasche ab und füllen Sie mit Wasser auf 1 l auf.
Wirkt gegen: Mehltau und Grauschimmel.

Ackerschachtelhalmtee
Dieser Tee ist ein altbekanntes Hausmittel, mit dem man – frühzeitig eingesetzt – Mehltau und Grauschimmel wirkungsvoll bekämpfen kann.
So wird's gemacht:
Kochen Sie eine gute Handvoll frischer oder getrockneter Schachtelhalmstauden 3 bis 5 Minuten lang und lassen Sie den Sud abkühlen. Filtrieren Sie die Masse durch einen Kaffeefilter.
Mit diesem Tee die pilzbefallene Pflanze unverdünnt übersprühen. Stellen Sie nach dieser Behandlung den Bonsai hell, aber nicht in die pralle Sonne.
Wirkt gegen: Mehltau und Grauschimmel.

Alkohol
Äthylalkohol ist ein schweres Zellgift. Deshalb kann man befallene Pflanzen nicht mit reinem Alkohol besprühen, die Blätter würden zerstört werden. Verwenden Sie eine Lösung von 1 Teil Brennspiritus auf 3 Teile Wasser oder, um dem unangenehmen Geruch zu entgehen, den billigsten Schnaps (23- bis 28 %ig), den Sie finden.
So wird's gemacht:
Sprühen Sie die befallene Pflanze mit der Lösung ein, vor allem die Blattunterseiten (dort sitzen die Schädlinge mit Vorliebe).
Lassen Sie den Alkohol einwirken (eventuell den Bonsai mit Plastikfolie abdecken).
Nach etwa einer Stunde die Pflanze mit klarem Wasser überbrausen. Diese Prozedur sollte im Abstand von 3 bis 5 Tagen 3mal wiederholt werden.
Wirkt gegen: Insekten und Milben.

Mein Tip: Gibt man einige Spritzer Geschirrspülmittel hinzu, dringt die Lösung auch unter die Wachs- und Chitinschilde von Woll- und Schildläusen.

Der Bonsai wird neu gestaltet

Bonsai ist ein Baum im Kleinformat. Die verschiedenen Formen sind den Bäumen in der freien Natur abgeschaut. Damit ein Bonsai seinen Charakter behält, muß er von Zeit zu Zeit neu gestaltet werden. Das Schneiden und das Drahten sind die wichtigsten Maßnahmen, um die Form eines Bonsai zu erhalten beziehungsweise zu verbessern. Wie's gemacht wird, erfahren Sie in diesem Kapitel in Wort und Bild.

Die verschiedenen Zimmer-Bonsai wachsen unterschiedlich schnell. Manche, zum Beispiel *Ulmus parvifolia*, müssen 3- bis 4mal im Jahr gestutzt werden, *Ficus retusa ssp. crassifolia* und manche Sukkulenten dagegen wachsen so langsam, daß nur jedes zweite Jahr ein Rückschnitt nötig ist.
Irgendwann also ist bei jedem Bonsai der Zeitpunkt gekommen, wo er wieder gestaltet werden muß, damit seine ursprüngliche Schönheit nicht verlorengeht. Zimmer-Bonsai kann man zu jeder Jahreszeit schneiden, drahten und umpflanzen. Die beste Zeit ist allerdings März bis April.

Grundregeln für den Rückschnitt
Die nachfolgenden Anleitungen sollen Sie in die Lage versetzen, die reizvolle Arbeit des Rückschnitts selbst durchzuführen. Sollten Sie sich trotzdem nicht an die Gestaltung Ihres edlen Stücks wagen, wird jede gute Bonsaigärtnerei (→ Adressen, Seite 60) den Rückschnitt und eine eventuell notwendige Umgestaltung vornehmen.
Die meisten Bonsaigärtnereien bieten regelmäßig Kurse an. Außerdem besteht in jeder Region mindestens ein Arbeitskreis des Bonsaiclubs (→ Adressen, Seite 60). Hier treffen sich einmal im Monat begeisterte Bonsailiebhaber, die Ihnen gerne mit Rat und Tat behilflich sind.

Mein Tip: Versuchen Sie sich nicht gleich an Ihrem wertvollsten Exemplar. Preiswerte Übungsobjekte sind zum Beispiel Zimmerazaleen. Diese kleinen Sträucher kann man relativ leicht zu Bonsai im Besenstil (HOKIDACHI) gestalten, indem man die zu dicht stehenden Äste ausdünnt und die flache Krone seitlich einkürzt.

Das ist wichtig beim Rückschnitt
Erste Regel bei allen Gestaltungsmaßnahmen an einem Bonsai: Lassen Sie sich Zeit zum Schauen und Überlegen, greifen Sie nicht gleich zur Schere!
Ganz allgemein gilt für die richtige Gestaltung:
- Der Gipfel wächst senkrecht nach oben.
- Die Seitenäste stehen flach nach außen ab.
- Die Vorderseite des Bonsai hält man so locker, daß man größere Teile des Stammes und der Astansätze gut erkennen kann.
- Nur die Rückseite der Krone gestaltet man dicht.
- Die Lage der Knospe bestimmt die Wuchsrichtung. In jeder Blattachsel sitzt eine Knospe. Nach dem Schnitt werden die vordersten 2 bis 3 Knospen eines Zweiges austreiben.
Steht das Blatt unter dem Zweig, wächst der neue Trieb gerade nach vorne.
Steht das Blatt seitlich, wird der neue Trieb auch nach dieser Seite wachsen.
Steht das Blatt auf dem Zweig, wird der neue Trieb senkrecht nach oben wachsen.
- Unmittelbar nach dem Stutzen sollte die Krone ein wenig »magerer« aussehen, als es dem Idealbild des Bonsai entspricht.
- Baumschnitt bedeutet einen gewissen Eingriff in den Hormonhaushalt der Pflanze. Schneiden Sie also nicht ständig an Ihrem Bonsai herum, sondern gönnen Sie dem Baum nach jedem Schnitt wenigstens 8 Wochen Ruhe.

Mein Tip: *Ficus* und Euphorbien enthalten Milchsaft, der aus allen Schnittwunden tropft. Dieser Saft gerinnt in Wasser und bei Temperaturen oberhalb 60 °C.
Man übersprüht diese Pflanzen nach dem Schneiden mit klarem Wasser. Den Saft aus größeren Wunden kann man (maximal 1 Sekunde lang!) mit der Flamme eines Feuerzeugs zum Gerinnen bringen.

1 Der Kronenaufbau ist kaum erkennbar – höchste Zeit zum Schnitt.

2 Die auf dem Ast stehenden Triebe kürzt man auf 1 bis 3 Blätter ein.

3 Die Ulme nach dem Schnitt. Der Astaufbau ist wieder erkennbar.

So gehen Sie beim Schneiden vor

1 Betrachten Sie zunächst eingehend Ihren Baum: Welcher Ast soll den Gipfeltrieb bilden? Dieser Ast sollte am stärksten sein und mehr oder weniger senkrecht nach oben streben. Legen Sie nun die zukünftige Höhe Ihres Bonsai fest, indem Sie diesen Gipfeltrieb so einkürzen, daß oberhalb der letzten Verzweigung noch 3 bis 5 Blätter beziehungsweise Knospen stehenbleiben. Die letzte Knospe sollte nach oben zeigen.

2 Formen Sie nun zunächst die Silhouette der neuen Krone, indem Sie die Baumkrone »wie mit der Heckenschere« zu einem unregelmäßigen Kegel stutzen. Die Seitenäste haben jetzt die richtige Länge. Stutzen Sie anschließend die Seitenzweige so ein, daß die Äste in der Draufsicht als Dreiecke erscheinen. Achten Sie bei dieser Arbeit darauf, daß jeweils das vorderste Blatt an der Unterseite des Zweiges steht: Die Endknospen werden flach austreiben.

Die senkrecht nach oben wachsenden Seitenzweige kürzt man auf 1 bis 3 Blätter ein, sie werden später den polsterartigen Besatz des Astes bilden.

Stehen zwei größere Äste so dicht, daß sie sich auch nach dem Rückschnitt nicht klar trennen, wird man den entfernen, welcher in der Silhouette des Baumes keine große Lücke aufreißt (außer, dieser Effekt wird ausdrücklich gewünscht).

Schnittwunden ab Bleistiftstärke verschließt man mit Wundpaste (zum Beispiel Lacbalsam).

3 Die Krone ist in ihrem Aufbau wieder klar erkennbar. Jeder einzelne Ast steht frei, ohne seine Nachbarn zu berühren. Die Vorderansicht der Krone ist relativ flach, kein Ast wächst direkt auf den Betrachter zu.

Die Rückseite ist dichter und breiter, hier ragen die Äste ein gutes Stück über den Schalenrand hinaus.

1 Winden Sie den Draht 2- bis 3mal um den Stamm.

2 Zwei Äste, mit demselben Draht verstärkt, stützen sich gegenseitig.

3 Der Stamm wird behutsam um 180° verdrillt.

4 Jetzt steht der obere Ast genau auf der anderen Seite wie vorher.

Grundkurs fürs Drahten
Das Drahten ist ein Hilfsmittel, um die Wuchsrichtung eines Astes zu korrigieren. Steht zum Beispiel ein Ast zu dicht an einem anderen oder zeigt die Krone eine Lücke, die durch einen benachbarten Ast geschlossen werden kann, dann läßt sich die fehlerhafte Stellung korrigieren, indem man den betreffenden Ast mit einem genügend kräftigen Draht umwickelt und dann behutsam in die gewünschte Richtung biegt. Wie es gemacht wird, zeigen die Fotos.

5 Der Übungszweig, zur Frei aufrechten Stilform (MOYOGI) gedrahtet.

1 Der Draht (verkupfert oder braun eloxierter Aluminiumdraht) sollte etwa ⅓ der Aststärke haben. Beginnen Sie mit 2 bis 3 Windungen um den Stamm, das gibt der Sache Halt. Führen Sie den Draht zuerst oben durch die Astgabel und danach in flachen Windungen (Winkel 45°) um den Ast. Achten Sie darauf, daß Sie keine Blätter oder Seitenzweige einklemmen.
2 Zwei Äste kann man mit demselben Draht verstärken: Legen Sie die Mitte des Drahtes in 2 bis 3 Windungen um den Stamm. Führen Sie dann die Drahtenden um die beiden Äste.
3 Fassen Sie den Stamm nun mit beiden Händen und drehen Sie ihn behutsam in die gewünschte Richtung.
4 Anschließend wird der Astaufbau korrigiert: Alle Seitenzweige sollen außen an einer Biegung stehen.
5 Legen Sie mehrere Drähte stets parallel um Stamm und Äste. Selbst wenn Sie einen Draht zu spät entfernen, kann das dicker werdende Holz nicht abgeschnürt werden. Wenn Sie zwei Drähte überkreuz gewickelt haben, besteht die Gefahr, daß der Ast abstirbt. Entfernen Sie den Draht nach etwa einem halben Jahr, indem Sie ihn mit einem scharfen Seitenschneider in Stücke schneiden. Lassen Sie den Draht zu lange am Baum, hinterläßt er unschöne Narben.

Weitere Tips fürs Drahten
• Üben Sie das Drahten zunächst an abgeschnittenen Zweigen.
• Gehen Sie ganz behutsam vor. Der Ast darf beim Biegen weder brechen noch einreißen.
• Steht ein Ast waagerecht in der falschen Richtung, verdrehen Sie besser den Stamm, anstatt den Ast um den Stamm zu biegen.
• Verändern Sie die Aststellung nur mäßig. Ein guter Bonsai sieht natürlich und nicht bizarr aus!

Erste Fingerübungen in der Bonsaikunst

Selbstgestaltete Bonsai, die man sich aus ganz gewöhnlichen Topfpflanzen im Laufe einiger Jahre heranzieht, sind die Krönung dieses schönen Hobbys. Verwenden Sie für den Anfang preiswerte, leicht zu pflegende Gehölzarten, die willig wachsen. Am Beispiel von Birkenfeige und Zimmerazalee zeigen wir Ihnen die ersten Schritte, wie Sie aus jungen Bäumchen altehrwürdig wirkende Bonsai gestalten können.

Die künstlerische Seite des Hobbys Bonsai zeigt sich erst richtig, wenn man beginnt, gewöhnliche Topfpflanzen zu Bonsai zu gestalten. Wenn Sie wenig Geduld haben und schon in 2 bis 3 Jahren einen vorzeigbaren Baum haben wollen, sollten Sie sich nicht mit Samen oder Stecklingen abmühen. Einfacher und schneller geht es, wenn Sie möglichst große, am Stammansatz gut verzweigte Topfpflanzen als Ausgangsmaterial verwenden.

Von der normalen Topfpflanze zum Zimmer-Bonsai

Geeignete Topfpflanzen: Für den Anfänger sind Topfpflanzen empfehlenswert, die rasch wachsen, sich gut verzweigen und leicht zu pflegen sind. Für die ersten Gestaltungsversuche empfehle ich:
• Zimmerazalee *(Rhododendron japonicum)*,
• Myrte *(Myrtus communis)*,
• Thymian *(Thymus vulgaris)*,
• Rosmarin *(Rosmarinus officinalis)*,
• Ulme *(Ulmus parvifolia)*,
• Sageretie *(Sageretia thea)*,
• alle tropischen *Ficus*-Arten.

Einkaufsquellen: Thymian und Rosmarin erhalten Sie als Küchenkräuter in vielen Gärtnereien und Gartencentern. Auch Myrten sind dort häufig zu bekommen. Die anderen Arten können Sie über den Bonsaifachhandel (Adressen, → Seite 60) beziehen, die großen Bonsaizentren verschicken auch Pflanzen.

Pflanzenwahl: Achten Sie beim Einkauf in der Gärtnerei oder im Gartencenter darauf, daß die Pflanze im unteren Bereich gut verzweigt ist. Versuchen Sie sich vorzustellen, wie der zukünftige Baum aussehen soll, dessen Krone Sie aus den untersten 3 bis 8 Ästen der Rohpflanze gestalten wollen.

Gestaltungstip: Die Gestalt der Rohpflanze bestimmt die Stilform. Versuchen Sie nicht, Ihre Rohpflanze in eine bestimmte Gestalt zu zwingen, sondern lassen Sie sich von ihrem Wuchs inspirieren. Das wichtigste Kriterium für einen guten Bonsai ist nicht »Welcher Stilform entspricht mein Baum?«, sondern »Könnte mein Bonsai genau so als normal großer Baum in der freien Natur gewachsen sein?«.

1 Die junge Birkenfeige von etwa 1 m Länge wird auf 35 cm eingekürzt.

2 Nach dem Schnitt: Die unteren Äste läßt man länger.

3 Die Birkenfeige hat ihre Grundform, eine schlanke Pyramide.

Eine Birkenfeige zum Bonsai gestalten

Für dieses Gestaltungsbeispiel habe ich eine Birkenfeige von knapp 1 m Höhe gewählt. Der Stamm ist etwa fingerdick. Die Pflanze soll in die Streng aufrechte Form (CHOKKAN) gebracht werden.

1 Die Birkenfeige wird um ⅔ eingekürzt.

2 7 Äste bleiben stehen. Der fingerdicke Stamm der ursprünglich 1 m hohen Pflanze wirkt bei einer Höhe von 35 cm relativ kräftig und knorrig.

Mein Tip: Feigen führen Milchsaft, der mit Wasser rasch gerinnt. Lassen Sie vor dem letzten Blatt beziehungsweise vor dem Gipfelzweig noch ein Stück stehen. Erst wenn die vorderste Knospe ausgetrieben hat, kann man das Endstück ohne Gefahr für den Baum entfernen.

Grundform des CHOKKAN ist eine Pyramide, deshalb werden die verbliebenen Äste so eingekürzt, daß diese Silhouette entsteht.

3 Die Äste werden mit Bonsaidraht umwickelt und anschließend waagerecht gestellt. Das entspricht der Aststellung eines alten Baumriesen und fördert das Austreiben der Knospen.

Der oberste Zweig des eingekürzten Baumes wird nach dem Drahten so abgewinkelt, daß seine Basis nach oben wächst. An der Stelle der ersten Knospe wird er waagerecht gestellt.

Umsetzen vom Blumentopf in die Bonsaischale

Wenn man Zweigen mit Bonsaidraht eine neue Wuchsrichtung gibt, wird der Saftstrom in ihrem Inneren ein wenig gestört. Deshalb sollte man nicht zur gleichen Zeit auch noch die Wurzel einkürzen. Der Umzug in die Bonsaischale

1 Der plumpe Wurzelballen hat in dieser Bonsaischale Platz.

2 Die von loser Erde befreite Wurzel ist relativ klein.

3 Die Hauptwurzel wird eingekürzt, der Milchsaft gerinnt mit Wasser.

erfolgt ein halbes Jahr später. Bis es soweit ist, wird der Bonsai hell gestellt, regelmäßig gegossen und gedüngt. 2 bis 3 Wochen nach dem ersten Formen regen sich die Knospen, und nach einem halben Jahr sind die mageren Zweige mit neuen Trieben besetzt. Jetzt kann er zurückgeschnitten und in eine zierliche Bonsaischale gepflanzt werden:

1 Wählen Sie eine Bonsaischale, die wenigstens so lang ist wie ⅔ der Baumhöhe.

2 Lösen Sie den Wurzelballen aus dem Topf und entfernen Sie behutsam die lose Erde.

3 Kürzen Sie die mittlere Pfahlwurzel und die Enden der Faserwurzeln so weit ein, daß sie bequem in die Schale passen.

4 Pflanzen Sie nun den Baum mit torfhaltiger Bonsaierde in die neue Schale. Regelmäßiges Stutzen und gelegentliches Drahten lassen allmählich einen Bonsai entstehen. Der neue Austrieb wird 2- bis 4mal im Jahr gestutzt, steil stehende Zweige werden mit Draht geformt. Nach 2 bis 3 Jahren ist ein junger Bonsai entstanden.

4 Nach 1 ½ Jahren läßt sich die Bonsaigestalt allmählich erahnen.

1 Ausgangspflanze für die Halbkaskade: Eine Azaleenpyramide.

Ein Bonsai in zwei Stunden

Zimmerazaleen werden mehrmals gestutzt, bevor sie in den Handel kommen. Deshalb sind diese kleinen Sträucher sehr gut verzweigt. Aus einem gut gewachsenen Azaleenbusch läßt sich relativ leicht ein Bonsai in Besenform (HOKIDACHI, → Seite 11) erziehen. Wir zeigen die Entwicklung einer Halbkaskade (HAN-KENGAI, → Seite 12) aus einer Azaleenpyramide:

1 Suchen Sie für diese Stilform eine Pflanze aus, die langgewachsen und auf einer Seite dicht verzweigt ist. Wählen Sie als Bonsaigefäß eine hohe, sogenannte KENGAI-Schale, die so weit ist, daß der Topfballen bequem hineinpaßt. Da die Pflanze gedrahtet wird, darf man die Wurzel nicht beeinträchtigen.

Die schwächer bestockte Seite der Pyramide wird zur Unterseite der Halbkaskade. Entfernen Sie also alle Zweige, die in der zukünftigen Haltung senkrecht nach unten wachsen würden.

2 Entfernen Sie nun an dem Topfballen vorsichtig die oberste, von Wurzeln freie Erdschicht.

3 Azaleenholz ist spröde und brüchig. Biegen Sie den Stamm in sehr sanften Schwüngen und unterstützen Sie ihn dabei mit den Daumen.

2 Vor dem Einpflanzen wird der Stammansatz behutsam freigelegt, ohne die Wurzeln zu beschädigen.

3 Azaleenholz ist brüchig: Beim Biegen den Stamm mit beiden Daumen breitflächig unterstützen.

4 Die beschnittene Azalee wird schräg eingepflanzt.

5 Der Stamm wird gedrahtet und in Form gebracht.

4 Pflanzen Sie die Azalee schräg in die Bonsaischale. Stechen Sie einen kräftigen Bonsaidraht, dessen unteres Ende zu einer flachen Schlinge gebogen ist, durch das Wasserabzugsloch und den Wurzelballen, so daß er möglichst dicht am Stammansatz herauskommt. Dieser Draht soll ⅓ der Stammstärke haben und etwa um ⅓ länger sein als die Gesamtlänge von Schale plus Azalee.
5 Umwinden Sie mit diesem Draht den Stamm der Azalee bis zur Spitze und geben Sie ihm anschließend den eleganten Schwung einer Halbkaskade. Nun werden alle Seitenäste mit dünnerem Draht verstärkt und, falls notwendig, eingekürzt. Sie werden so gestellt, daß alle Zweigspitzen wie »zum Licht in der Felsenschlucht« weisen.
6 Der Baum sollte seine Zweige möglichst breit ausladen, der Hauptstamm auch in der Draufsicht leicht geschwungen sein.

Tips fürs Gestalten von Azaleen
Azaleen treiben willig auch aus dem alten Holz aus, wenn man folgende Grundregeln beachtet:

- Lassen sie wenigstens noch ein Blatt stehen, dann ist der Saftstrom noch rege.
- Stülpen Sie eine durchsichtige Plastiktüte lose über den kräftig eingekürzten Strauch. Durch die hohe Luftfeuchtigkeit vertrocknen die Zweige nicht so leicht.
- Für zwei der klassischen Stilformen sind Azaleen nicht geeignet: Wurzelform (NEAGARI) und Kaskade (KENGAI). Für die NEAGARI ist die Azaleenwurzel zu schwach und zu kompakt.

Der Saftstrom im Bast von Azaleen ist relativ schwach, deshalb klappt der Transport aus der herunterhängenden Spitze eines KENGAI nicht reibungslos, und die Spitze des Bonsai stirbt ab.

6 Die fertige Halbkaskade: Der Stamm ist nach unten geneigt, die Seitenäste stehen breit ausladend nach oben.

Die schönsten Zimmer-Bonsai

Auf den folgenden Seiten finden Sie eine Auswahl häufig angebotener Zimmer-Bonsai mit Farbfotos und detaillierten Pflegeanleitungen. Damit Sie schnell einen Überblick über ähnliche Pflegeansprüche erhalten, sind die Pflanzen nach den Klimazonen ihrer Heimatländer geordnet: Mediterrane Gebiete, Subtropen, Tropen und Trockensteppen. Eine separate Gruppe bilden die Palmen.

Erläuterung der Stichworte
Am Beginn steht jeweils der wissenschaftliche und, falls möglich, anschließend der deutsche Name.
Herkunft: Anhaltspunkt für die Ansprüche der Pflanze.
Pflege: Erster Hinweis, ob die Pflanze anfängergeeignet ist.
Standort: Angaben über Licht- und Temperaturbedarf und ob im Sommer ein Platz im Freien möglich ist.
Luftfeuchtigkeit: Nennt Ansprüche an die Luftfeuchtigkeit.
Gießen: Hier geht es um den Wasserbedarf.
Düngen: Düngerintervalle für Flüssigdünger. Die Monate sind mit römischen Ziffern angegeben.
Schädlinge: Nur häufig auftretende Arten aufgeführt.
Umpflanzen: Besondere Jahreszeit nur bei Pflanzen mit Ruhephase.

◁ *Araucaria excelsa (Zimmertanne). Sie ist nicht leicht zu gestalten. Nur die obersten Äste verzweigen sich willig nach dem Schnitt.*

Erdmischung: Mischungsverhältnisse sind in Volumenteilen (T) angegeben. Sie beziehen sich auf kurzfaserigen, gesiebten Torf, feinen Rindenhumus, körnig gebrannten Lehm (im Bonsaifachhandel erhältlich) und Lavasand mit der Körnung 0–5 mm (aus dem Zoofachhandel). Statt Lavasand kann auch Bimssand (Baustoffhandel) oder Grolith (Blumenfachhandel) genommen werden.
Die hier angegebenen Erdmischungen haben sich in der Praxis als ideal erwiesen (ausreichende Einfach-Mischungen → Seite 23).
Schneiden: Art und Zeitpunkt des Schnitts.
Drahten: Nennt Elastizität des Holzes und ob Drahten möglich ist.
Hinweis: Besonderheiten der Pflanze.
Warnung: Hinweis auf giftige Pflanzen oder Verletzungsgefahr.
Mein Tip: Besondere und bewährte Pflegetips des Autors.

Symbolerklärung

☠ Die Pflanze ist giftig.

Pflanzenverzeichnis

Ein etwa zwanzig Jahre alter Granatapfel, seit drei Jahren als Bonsai gestaltet.

Mediterrane Bäume und Sträucher

Mediterrane Pflanzen stammen nicht nur aus dem Mittelmeergebiet. Auch in Südwestaustralien, Südafrika, Chile und Kalifornien herrscht das typische Mittelmeerklima mit trockenen Sommern und feuchten, relativ kühlen Wintern. Pflanzen aus dieser Klimazone sind wenig kälteempfindlich. Sobald keine Nachtfrostgefahr mehr besteht, kann man sie im Freien an einem windgeschützten halbschattigen Platz aufstellen, zum Beispiel an der Innenwand einer Terrasse. Vor zu starkem Wind schützt eine Geländerverkleidung, vor zu heißer Mittagssonne eine Markise.

Viele Mittelmeergehölze haben mit Wachs überzogene Blätter. Dadurch verdunsten sie nur wenig Wasser. Sie vertragen sogar trockene Heizungsluft.

Pflanzen mit zartem Laub verlangen eine kühle Überwinterung. Granatapfel oder Flaumeiche zum Beispiel werfen im Winter Laub ab. Sie brauchen auch in der Wohnung eine Winterruhe bei Temperaturen zwischen 4 und 10 °C.

Nadelgehölze und Zistrosen lieben es feucht. Man überwintert sie entweder zwischen 4 und 15 °C oder sorgt während der Heizperiode für zusätzliche Luftfeuchtigkeit (→ Seite 16).

Eine Augenweide – die roten Punica-Blüten.

1 

2 

3 

Diese Mittelmeergehölze blühen besonders reich.

Punica granatum 'Nana'
Zwerg-Granatapfel

Herkunft: Vorderasien.
Pflege: Relativ einfach.
Standort: Im Sommer Ost-, Westfenster, am besten im Freien. Im Winter 4–10 °C (der Baum muß die Blätter abwerfen), danach hell stellen bei etwa 18 °C, nach 2 Wochen normale Zimmertemperatur.
Luftfeuchtigkeit: Hoch.
Gießen: Normal feucht halten, während der Winterruhe mäßig gießen.
Düngen: III – VIII alle 2, IX–X alle 4 Wochen.
Schädlinge: Anfällig gegen Blattlaus und Weiße Fliege.
Umpflanzen: Jährlich nach der Winterruhe.
Erdmischung: 1 T Torf, 3 T Humus, 2 T Lehm, 1 T Lavasand.
Schneiden: Im Herbst kräftiger Rückschnitt, im Sommer möglichst nicht schneiden, die Blüten erscheinen am diesjährigen Holz.
Drahten: Möglich, das Holz ist elastisch.
Hinweis: Das Fruchtfleisch ist eßbar.

Mein Tip: Granatäpfel blühen üppig in praller Sonne. Man pflanzt sie in relativ große Gefäße. Darin trocknet die Erde nicht so schnell aus.

1 *Cistus ladanifer*
Harzige Zistrose
2 *Cistus albidus*
Silberweiße Zistrose
3 *Cistus monspeliensis*
Französische Zistrose

Herkunft: Mittelmeergebiet.
Pflege: Schwierige Überwinterung.
Standort: Im Sommer wie Zwerg-Granatapfel (→ links). Im Winter hell bei 4–10 °C. Weist nur der dunkle Keller diese Temperatur auf, täglich 9 Stunden mit Pflanzenleuchte anstrahlen.
Luftfeuchtigkeit: Hoch.
Gießen: Reichlich.
Düngen: IV–VIII wöchentlich, IX–XI alle 3 Wochen.
Schädlinge: Wenig anfällig.
Umpflanzen: Jährlich im März.
Erdmischung: 3 T Humus, 2 T Lehm, 1 T Lavasand.
Schneiden: Rückschnitt im Herbst. Im Sommer nicht schneiden.
Drahten: Möglich, das Holz ist elastisch.
Warnung: *C. ladanifer* und *monspeliensis* haben Drüsenhaare (Allergie möglich).

Mein Tip: Bonsai aus Zistrosen sollten wenigstens 60 cm groß sein, damit sie reichlich Blüten tragen.

1

2

5

3

4

Diese Hartlaubgehölze sind besonders pflegeleicht. Sie vertragen auch trockene Heizungsluft.

1 *Citrus limon*
Zitrone
2 *Pistacia lentiscus*
Mastixstrauch, Pistazie
3 *Quercus coccifera*
Kermeseiche
4 *Rosmarinus officinalis*
Rosmarin
5 *Myrtus communis*
Myrte

Herkunft: Mittelmeergebiet.
Pflege: Einfach.
Standort: Im Sommer Ost- oder Westfenster im Freien. Im Winter am Südfenster.
Luftfeuchtigkeit: Normal.
Gießen: Normal feucht halten.
Düngen: III–VIII alle 2, IX–II alle 6 Wochen.
Schädlinge: Wenig anfällig außer Citrus (Schildlaus).
Umpflanzen: Jährlich, am besten im März.
Erdmischung: 3 T Humus, 2 T Lehm, 1 T Lavasand.
Schneiden: Scharfer Rückschnitt im Herbst. Zitrone mäßig schneiden, da sonst keine Blüten. Pistazie kann im Sommer mehrmals gestutzt werden.
Kermeseiche ein zweites Mal schneiden, wenn die jungen Triebe im Mai zu verholzen beginnen. So wird eine dichtere Verzweigung erreicht.
Rosmarin nach der Blüte noch einmal schneiden.
Myrte blüht am diesjährigen Holz. Deswegen von III–VII nicht schneiden.
Drahten: Möglich, das Holz der genannten Arten ist elastisch. Ausnahme: Rosmarinholz ist im Alter spröde; jüngere Triebe dagegen lassen sich leicht drahten.
Hinweis: Die ledrigen, harten Blätter dieser Hartlaubgehölze widerstehen der extremen Trockenheit im Sommer und auch der trockenen Luft, die in zentralgeheizten Wohnungen herrscht.

Mein Tip: Bei Zitrone blühen nur größere Bonsai (über 50 cm) üppig. Die Wurzeln sind empfindlich gegen Staunässe. In hohen Gefäßen für gute Drainage sorgen.
Wenn Sie Ihren Urlaub im Mittelmeergebiet verbringen, können Sie diese Pflanzen direkt im Heimatland besorgen. In den ansässigen Baumschulen sind sie regelmäßig erhältlich. Da diese Baumschulpflanzen mit einem festen Wurzelballen in Töpfen sitzen, können sie ohne Probleme eine lange Strecke transportiert werden.
Die Kermeseiche dagegen kann man nur in den Buschwäldern selbst sammeln. Die beste Zeit dafür ist das zeitige Frühjahr. Im Hochsommer gesammelte Pflanzen werden kaum überleben.

Nadelgehölze müssen regelmäßig gegossen werden.

Die Zweige der Zypresse duften herrlich nach Zitrone.

Pinus pinea **Schirmpinie**

Herkunft: Mittelmeer und Kanarische Inseln.
Pflege: Schwierig, benötigt hohe Luftfeuchtigkeit.
Standort: Im Sommer Ost-, Westfenster, am besten im Freien (Halbschatten). Im Winter an hellem Fensterplatz. Ideale Wintertemperatur: 10–15 °C, bei höheren Temperaturen für hohe Luftfeuchtigkeit sorgen.
Luftfeuchtigkeit: Im Winter ziemlich hoch.
Gießen: Ganzjährig normal feucht halten.
Düngen: III–VI alle 3–4, VII–II alle 6–8 Wochen.
Schädlinge: Wenig anfällig, eventuell Wollaus.
Umpflanzen: Alle 1–2 Jahre im Frühjahr (II–IV).
Erdmischung: 1 T Torf, 3 T Humus, 2 T Lehm, 2 T Lavasand.
Schneiden: Im Frühsommer den Neuaustrieb auf 1–2 cm einkürzen, evtl. im Herbst wiederholen.
Drahten: Empfehlenswert. Das Holz ist sehr weich.
Hinweis: Aus frischen Schnitten tritt Harz aus.

Mein Tip: Gießen Sie regelmäßig. Wenn die Nadeln beginnen, sich zu verfärben, ist der Baum meist nicht mehr zu retten. Wählen Sie ein relativ großes und hohes Gefäß, um zufälligem Austrocknen vorzubeugen.

Cupressus macrocarpa **Kalifornische Zypresse**

Herkunft: Küstengebirge in Südkalifornien.
Pflege: Nicht ganz einfach.
Standort: Im Sommer Ost-, Westfenster, am besten im Freien (Halbschatten). Im Winter Südfenster.
Luftfeuchtigkeit: Hoch.
Gießen: Ganzjährig sehr regelmäßig. Jedoch nur mäßig feucht halten, Wurzeln sind empfindlich gegen Staunässe.
Düngen: III–IX alle 2–3, X–II alle 4–6 Wochen.
Schädlinge: Wenig anfällig.
Umpflanzen: Alle 1–2 Jahre, am besten im Winterhalbjahr.
Erdmischung: 2 T Torf, 3 T Humus, 2 T Lehm, 2 T Lavasand.
Schneiden: Nur ganze Äste, den feinen Austrieb nur abzupfen. Im Sommer alle 6–8, im Winterhalbjahr etwa alle 12 Wochen.
Drahten: Möglich. Junge Äste (bis 3 mm Durchmesser) sind elastisch. Stärkere Äste behutsam biegen (brechen leicht ab).
Hinweis: Die Zweige duften nach Zitrone.

Mein Tip: Übersprühen Sie Ihre Zypresse im Winter täglich (morgens) oder stellen Sie sie im Bonsaiterrarium auf (→ Seite 16).

Gehölze der Subtropen

In Südchina, Taiwan und auf den südlichen Inseln des japanischen Archipels herrscht subtropisches Klima mit feuchtheißen Sommern und regenreichen, milden Wintern. Aus diesem Klima stammt die überwiegende Mehrzahl der importierten Zimmer-Bonsai, wie zum Beispiel *Carmona, Malpighia, Murraya, Podocarpus, Sageretia, Serissa* und die japanische Ulme *(Ulmus parvifolia)*. Angesichts der heimatlichen Witterungsverhältnisse verlangen diese Pflanzen eine hohe Luftfeuchtigkeit. Im Winter brauchen sie also entweder eine Temperatur um 15 °C oder es muß für zusätzliche Luftfeuchtigkeit gesorgt werden.
Aus Mittelamerika stammen *Fuchsia, Cuphea* und *Jacobinia*. Sie haben in der Regel die gleichen Pflegeansprüche wie die Subtropengehölze des fernen Ostens.
Aus den subtropischen Zonen Australiens und Neuseelands stammen einige sehr robuste Zimmergehölze wie *Corokia, Eucalyptus* und *Melaleuca*.

◁ *Sageretia thea.*
Ein Zwillingsstamm (SOKAN) in geneigter Stilform (SHAKAN). Pflegeanleitung, → Seite 48.

Fuchsia magellanica
Fuchsia minutiflora
Fuchsie

Herkunft: Über 100 verschiedene Arten in Mittel- und Südamerika, Neuseeland und Tahiti; zahllose Zuchtformen. Die ersten Fuchsien kamen bereits um 1700 nach Europa.
Pflege: Relativ einfach.
Standort: Ost-, Westfenster, im Sommer auch im Freien (Halbschatten). Überwinterung möglichst kühl. Die meisten Fuchsienarten werfen im Winter die Blätter ab und können wie der Zwerg-Granatapfel überwintert werden (→ Seite 41). Empfindlichere Fuchsienarten wie *Fuchsia minutiflora* hell und genügend luftfeucht überwintern.
Luftfeuchtigkeit: Mittel.
Gießen: Normal. Ballen darf nicht austrocknen.
Düngen: IV–IX alle 3–4 Wochen.
Schädlinge: Anfällig gegen Weiße Fliege.
Umpflanzen: Jährlich nach der Winterruhe (III–V).
Erdmischung: 2 T Torf, 1 T Humus, 1 T Lehm, 1 T Lavasand.
Schneiden: Kräftiger Rückschnitt im Herbst.
Drahten: Gut möglich, elastisches Holz.
Hinweis: *Fuchsia minutiflora* blüht fast das ganze Jahr über.

Mein Tip: Fuchsien mögen keinen Kalk. Verwenden Sie deshalb torfhaltige Erde und bereiten Sie sehr hartes Wasser auf.

Fuchsia magellanica ist frosthart bis -10 °C.

Fuchsia minutiflora blüht fast das ganze Jahr über.

Die anspruchsvolle Carmona wird häufig angeboten.

Serissa ist im Frühsommer übersät mit weißen Sternen.

Carmona microphylla Fukien Tee

Herkunft: Südostasien.
Pflege: Schwierig.
Standort: Im Sommer Ost- oder Westfenster, VI–IX auch im Freien. Im Winter Südfenster bei Temperaturen zwischen 10 und 18 °C, bei höherer Temperatur für zusätzliche Luftfeuchtigkeit sorgen.
Luftfeuchtigkeit: Hoch.
Gießen: Sehr sorgfältig. Wurzeln sind gegen Staunässe und Trockenheit empfindlich.
Düngen: IV–IX alle 2–3, X–III alle 4–6 Wochen.
Schädlinge: Mäßig anfällig gegen Rote Spinne, Mehltau und Grauschimmel.
Umpflanzen: Alle 2–3 Jahre, am besten im Frühjahr.
Erdmischung: 1 T Torf, 2 T Humus, 2 T Lehm, 1 T Lavasand.
Schneiden: Neutrieb etwa 2mal jährlich auf 2–3 Blätter einkürzen.
Drahten: Leicht, das Holz ist weich.
Hinweis: Die roten Früchte sind nicht eßbar.

Mein Tip: *Carmona* wird meist in blanken Lehm gepflanzt angeboten. Dieses Substrat läßt sich kaum gießen und sollte ausgetauscht werden. Da die Wurzel empfindlich ist, darf nur die äußere Hälfte des Erdballens entfernt werden.

Serissa foetida Baum-der-tausend-Sterne, Junischnee

Herkunft: Südostasien.
Pflege: Nicht einfach.
Standort: Sehr hell, im Sommer jedoch keine pralle Mittagssonne, VI–IX auch im Freien. Im Winter möglichst 10–15 °C.
Luftfeuchtigkeit: Sehr hoch.
Gießen: Reichlich, aber Staunässe vermeiden. Die Wurzeln sind empfindlich.
Düngen: III–X alle 2, XI–II alle 3–4 Wochen.
Schädlinge: Wenig anfällig, eventuell Rote Spinne.
Umpflanzen: Alle 1–2 Jahre.
Erdmischung: 1 T Torf, 2 T Humus, 2 T Lehm, 1 T Lavasand.
Schneiden: Nur zu lange Triebe einkürzen (fördert Blütenbildung).
Drahten: Leicht, das Holz ist sehr elastisch.
Hinweis: *Serissa* ist im Frühsommer übersät mit weißen Sternen.

Mein Tip: Leider sitzt diese Pflanze beim Kauf meist in Lehm, der ausgetauscht werden sollte (→ Seite 59).

Die Früchte der Zwerg-Orange sind eßbar, aber sauer.

Ein robustes Hartlaubgehölz, das üppig blühen kann.

Fortunella hindsii
Zwerg-Orange,
Kumquat

Herkunft: Taiwan.
Pflege: Relativ einfach.
Standort: Hell, aber nicht in praller Mittagssonne. VI–X auch im Freien.
Luftfeuchtigkeit: Mittel.
Gießen: Mäßig feucht halten, Wurzeln sind empfindlich gegen Staunässe.
Düngen: III–X alle 2, XI–II alle 4–6 Wochen.
Schädlinge: Anfällig gegen Schild- und Wolläuse.
Umpflanzen: Alle 2–3 Jahre, am besten III–IV.
Erdmischung: 1 T Torf, 2 T Humus, 2 T Lehm, 1 T Lavasand.
Schneiden: Nur zu lang gewordene Triebe mäßig einkürzen (wegen der Blüten und Früchte).
Drahten: Nicht ganz einfach, älteres Holz ist brüchig.
Hinweis: Die Früchte sind eßbar, aber sehr sauer.

Mein Tip: Zwerg-Orangen blühen und fruchten an den einjährigen Trieben. Ein scharfer Rückschnitt bringt Sie für mindestens ein Jahr um diese Zierde. Lassen Sie Ihren Bonsai groß werden (mindestens 50 cm) und geben Sie ihm ein relativ großes Gefäß. Kürzen Sie nur die zu lang gewachsenen Gipfeltriebe ein und stutzen Sie die übrige Krone mäßig.

Pittosporum tobira
Klebsame

Herkunft: Südliches China, Südjapan, Südkorea.
Pflege: Wie Zwerg-Orange (→ links). Der Unterschied zwischen beiden Pflanzenarten liegt in der Gestaltung.
Klebsame wird in seiner Heimat und im Mittelmeergebiet als Hecke gezogen (bei uns als Kübelpflanze). Er verträgt jeden Schnitt und treibt bei ausreichend hoher Luftfeuchtigkeit auch dann noch aus, wenn man ihn im Frühjahr so weit einkürzt, daß überhaupt keine Blätter mehr vorhanden sind. Die Blüten erscheinen V–VI an den vorjährigen Blattquirlen. Soll Ihr Klebsame blühen, dürfen Sie also nur die nach der Blüte austreibenden, jungen Zweige um Johanni (24. Juni) auf 1–5 Blätter einkürzen und danach nicht mehr schneiden.

Mein Tip: Lassen Sie einen Klebsamen möglichst auf Gartenbonsai-Größe (über 80 cm ab Schalenrand) wachsen. Solche großen Pflanzen tragen üppigen Blütenflor und sehen auch dann noch attraktiv aus, wenn die neuen Triebe etwas länger gewachsen sind.

1

2

3

4

5

Diese Gehölzarten vertragen trockene Heizungsluft. Im Sommer lieben sie einen Platz im Freien.

1 *Grevillea robusta*
Australische Silbereiche
Herkunft: Neusüdwales, Queensland (Australien).

2 *Sageretia thea*
Falscher Tee
Herkunft: Südchina.

3 *Murraya paniculata*
Orangenjasmin
Herkunft: Südostasien.

4 *Malpighia coccigera*
Barbadoskirsche
Herkunft: Westindische Inseln.

5 *Ulmus parvifolia*
Japanische Ulme
Herkunft: China, Korea, Taiwan, Japan.

Pflege: Einfach.
Standort: Hell, im Sommer keine pralle Mittagssonne. VI–IX auch im Freien an einem windgeschützten, halbschattigen Platz. Können bei normaler Zimmertemperatur oder kühl überwintert werden (nicht unter 12 °C).
Luftfeuchtigkeit: Normal. Vertragen trockene Heizungsluft.
Gießen: Normal feucht halten. Staunässe, Ballentrockenheit vermeiden.
Düngen: III–IX alle 2–3, X–II alle 4–6 Wochen.
Schädlinge: Die Arten mit zarteren Blättern wie *Grevillea, Sageretia* und *Ulmus* sind anfällig gegen Weiße Fliege. Rote Spinne bei allen 5 Arten möglich.
Umpflanzen: Alle 1–2 Jahre, am besten im Frühjahr.
Erdmischung: 1 T Torf, 3 T Humus, 2 T Lehm, 1 T Lavasand.
Schneiden: *Grevillea* und *Murraya* wachsen langsam und haben große Blätter. Sie sollen höchstens 2mal jährlich geschnitten werden, zu große Blätter kann man einkürzen. *Malpighia* blüht am einjährigen Holz (VI–VIII). Um die Blütenbildung nicht zu beeinträchtigen, zwischen III und VIII nicht stutzen. *Sageretia* und *Ulmus* wachsen sehr rasch. Man schneidet 3- bis 6mal im Jahr den Neuaustrieb auf 2–5 Blattpaare *(Sageretia)* beziehungsweise Blätter *(Ulmus)* zurück.
Drahten: Außer *Malpighia* besitzen alle Arten relativ weiches Holz und sind problemlos zu drahten.
Hinweis: *Murraya* blüht V–VI.

Mein Tip: *Grevillea* verzweigt sich als kleine Pflanze recht unwillig. Ideales Ausgangsmaterial sind Kübelpflanzen ab 1 m. *Sageretia* und *Ulmus* überstehen auch krasse Pflegefehler: Haben sie aus Wassermangel Blätter abgeworfen, kann man sie meist retten, indem man eine Plastiktüte darüberstülpt und ausreichend wässert. Die Haube wird erst entfernt, wenn sich neue Knospen zeigen.

Die Japanazalee hat bezaubernde rosa Blüten.

Die Wurzeln der Südseemyrte dürfen nie austrocknen.

Rhododendron japonicum ☠
Japanazalee

Herkunft: Süd- und Mitteljapan.
Pflege: Relativ einfach.
Standort: Hell, aber keine pralle Sonne. Im Sommer halbschattig im Garten.
Luftfeuchtigkeit: Normal.
Gießen: Reichlich. Die Wurzeln dürfen niemals austrocknen.
Düngen: Ganzjährig alle 2–3 Wochen.
Schädlinge: Wenig anfällig.
Umpflanzen: Jährlich, am besten nach der Blüte.
Erdmischung: 3 T Torf, 1 T Humus, 1 T Lehm, 1 T Lavasand.
Schneiden: Nur einmal im Jahr (V–VI), danach werden neue Blütenknospen ausgebildet. Neuaustrieb auf 1–3 Blätter kürzen, Rückschnitt ins alte Holz möglich.
Drahten: Nicht ganz einfach. Das Holz ist spröde.
Hinweis: Blüht je nach Sorte von X–III.
Warnung: Rhododendren können Giftstoffe enthalten.
Mein Tip: Die Japanazalee ist ideal für eigene Gestaltungsversuche. Sie gedeiht besonders gut, wenn man sie im Sommer an einem halbschattigen, genügend feuchten Platz in ein Torfbeet pflanzt. Im Herbst kann man sie problemlos in die Bonsaischale einpflanzen.

Leptospermum scoparium
Südseemyrte

Herkunft: Australien.
Pflege: Relativ einfach.
Standort: Im Sommer Ost- oder Westfenster. Im Winter auch Südfenster.
Luftfeuchtigkeit: Mäßig.
Gießen: Sehr sorgfältig. Die empfindlichen Wurzeln dürfen nie austrocknen.
Düngen: II–IX alle 2, X–I alle 4 Wochen.
Schädlinge: Nicht anfällig.
Umpflanzen: Jährlich nach der Blüte (V–VI).
Erdmischung: 2 T Torf, 2 T Humus, 1 T Lehm, 1 T Lavasand.
Schneiden: Kräftiger Rückschnitt nach der Blüte, nach X nicht mehr schneiden (Blütenbildung).
Drahten: Leicht möglich, das Holz ist elastisch.

Mein Tip: Wenn Sie *Leptospermum* in ein relativ hohes Gefäß pflanzen, wie es die Chinesen lieben, ist die Gefahr des Austrocknens gering. Die harten Blättchen zeigen Wassermangel erst sehr spät an. Achten Sie bei Ihrer »täglichen Zwiesprache« (→ Seite 16) darauf, ob sie sich ein ganz klein wenig einrollen – das bedeutet akute Gefahr.

Syzygium bevorzugt einen halbschattigen Platz.

Sophora liebt es hell und nicht zu trocken.

Syzygium paniculatum Kirschmyrte

Herkunft: Australien.
Pflege: Relativ einfach.
Standort: Hell. VI–IX auch im Freien.
Luftfeuchtigkeit: Mittel. Wird die Pflanze bei normaler Zimmertemperatur überwintert, XI–IV täglich (morgens) übersprühen.
Gießen: Reichlich, aber Staunässe vermeiden.
Düngen: III–IX alle 2, X–II alle 4–6 Wochen.
Schädlinge: Wenig anfällig.
Umpflanzen: Alle 1–2 Jahre.
Erdmischung: 1 T Torf, 3 T Humus, 2 T Lehm, 1 T Lavasand.
Schneiden: Nach der Blüte scharfer Rückschnitt möglich, ab September nicht mehr schneiden.
Drahten: Leicht, das Holz ist sehr elastisch.
Hinweis: Blüte IV–VI. Die Früchte sind eßbar.

Mein Tip: Um trotz der relativ langen Blütentriebe einen attraktiven Miniaturbaum zu haben, sollte die Pflanze nicht unter 60 cm groß sein und eine stattliche Krone haben. Jungpflanzen einige Jahre im Kübel ziehen, bis sie etwa 1,5 m hoch sind, dann erst mit der Gestaltung zum Bonsai beginnen.

Sophora tetraptera Schnurbaum

Herkunft: Neuseeland.
Pflege: Relativ einfach. Läßt sich gut gestalten.
Standort: Sehr hell. Im Sommer am besten im Freien in voller Sonne. Im Winter kühl (knapp frostfrei) überwintern in ungeheiztem, hellem Flur oder Gewächshaus.
Luftfeuchtigkeit: Mittel.
Gießen: Normal feucht halten. Bei kühler Überwinterung wirft der Baum das Laub ab, dann nur mäßig gießen.
Düngen: III–IX alle 2 Wochen, X–II alle 4–6 Wochen.
Schädlinge: Wenig anfällig.
Umpflanzen: Jährlich.
Erdmischung: 1 T Torf, 3 T Humus, 2 T Lehm, 1 T Lavasand.
Schneiden: Nach der Blüte kräftiger Rückschnitt bis ins alte Holz möglich.
Drahten: Leicht, das Holz ist sehr elastisch.
Hinweis: Blüht bei kühler Überwinterung im Spätwinter.

Mein Tip: *Sophora* ist sonnenhungrig. Um ihr im Sommer einen Platz in praller Sonne geben zu können, sollten Sie ein großes, hohes Bonsaigefäß verwenden. Darin trocknet die Erde nicht so schnell aus.

Corokien sind unempfindlich gegen Trockenheit.

Podocarpus verträgt keinen Kalk.

Corokia buddleioides Corokie

Herkunft: Neuseeland (4 Arten).
Pflege: Einfach.
Standort: Hell bis vollsonnig.
Luftfeuchtigkeit: Keine Ansprüche.
Gießen: Mäßig feucht halten.
Düngen: III–IX alle 3, X–II alle 4–6 Wochen.
Schädlinge: Wenig anfällig.
Umpflanzen: Alle 1–2 Jahre.
Erdmischung: 3 T Humus, 2 T Lehm, 2 T Lavasand.
Schneiden: Neutrieb mehrmals im Jahr bis auf 2–5 Blätter einkürzen.
Drahten: Leicht, das Holz ist weich.
Hinweis: *Corokia* kann sowohl kühl (knapp frostfrei) als auch bei normaler Zimmertemperatur überwintert werden. Sie übersteht sogar ausgetrocknete Erde.

Mein Tip: Im Bonsaihandel wird hauptsächlich die Art *Corokia cotoneaster,* der Zickzackstrauch angeboten. In Blumengeschäften, die Kübelpflanzen anbieten, kann man alle 4 *Corokia*-Arten finden. Wegen ihres weichen Holzes, ihrer guten Schnittverträglichkeit und der leichten Pflege sind sie ideal für eigene Gestaltungsversuche.

Podocarpus macrophyllus Steineibe

Herkunft: Südliches Japan.
Pflege: Relativ einfach.
Standort: Ost-, Westfenster, VI–IX auch im Freien (Halbschatten).
Luftfeuchtigkeit: Mittel. Wenn die Pflanze bei Zimmertemperatur überwintert, ist es ratsam, sie jeden Morgen zu übersprühen.
Gießen: Mäßig. Niemals austrocknen lassen.
Düngen: III–IX alle 2–3, X–II alle 4–6 Wochen.
Schädlinge: Wenig anfällig.
Umpflanzen: Alle 2–3 Jahre.
Erdmischung: 3 T Humus, 2 T Lehm, 1 T Lavasand.
Schneiden: Den Neuaustrieb Mitte VI auf wenige Zentimeter einkürzen.
Drahten: Möglich, die jüngeren Äste sind elastisch. Vorsicht beim Biegen älteren Holzes.
Hinweis: Die Gattung *Podocarpus* kommt mit über hundert Arten nur auf der Südhalbkugel unserer Erde vor. In Baumschulen der Mittelmeerländer kann man gelegentlich die eine oder andere *Podocarpus*-Art finden. Sie sind alle leicht zu pflegen.

Mein Tip: Sehr hartes Gießwasser aufbereiten.

Gehölze aus den Tropen

Die tropischen Regenwälder beherbergen eine Fülle von Baumarten, die in geheizten Wohnungen gut gedeihen. Der Grund liegt in den besonderen Wetterverhältnissen: Morgens brennt die Sonne heiß vom Himmel – die Blätter würden vertrocknen, wären sie nicht durch eine Wachsschicht geschützt. Erst am Nachmittag bringt das sprichwörtliche Tropengewitter Abkühlung.
Urwaldbäume können sehr alt und sehr hoch werden. Junge Pflanzen müssen mit dem spärlichen Licht auskommen, das bis zum Boden durchdringt. Im Zimmer gehaltene Tropenbäume ertragen deshalb mäßige Lichtverhältnisse. Selbst gelegentlich zu nasse Erde stört sie kaum, wenn das Substrat so locker ist, daß es noch genügend Luft enthält.
Das einzige Pflegeproblem ist hartes Gießwasser. Der humusreiche Boden im Regenwald ist praktisch kalkfrei. Auf zu hohe Kalkgaben reagieren diese Pflanzen mit Chlorose.

◁ *Ficus retusa, 60 cm hoch.* *Der Baum hatte vor seiner Umgestaltung zum Bonsai eine Höhe von mindestens 6 m.*

1 *Ficus retusa ssp. crassifolia*
2 *Ficus retusa ssp. nitida*
3 *Ficus neriifolia*
4 *Ficus inversa*
5 *Ficus benjamina* **Birkenfeige**
6 *Ficus buxifolia*
7 *Ficus benjamina* 'Starlight' **Weißbunte Birkenfeige**

Herkunft: Tropengürtel der Erde.
Pflege: Einfach.
Standort: Ost-, Westfenster, keine pralle Sonne.
Luftfeuchtigkeit: Normal.
Gießen: Reichlich mit kalkarmem Wasser.
Düngen: III–IX alle 2–3, X–II alle 4–6 Wochen.
Schädlinge: Bei guter Pflege wenig anfällig. Geschwächte Pflanzen werden von Blatt-, Woll-, Schildläusen und der Roten Spinne befallen.
Umpflanzen: Alle 1–2 Jahre.
Erdmischung: 3 T Torf, 1 T Humus, 1 T Lehm, 1,5 T Lavasand.
Schneiden: Zu lang gewachsene Triebe auf 1–2 Blätter einkürzen.
Drahten: Leicht. Draht nach 6 Monaten entfernen.
Hinweis: Auf Schnittwunden einen Tropfen Wasser geben. Dadurch gerinnt der Milchsaft.

Mein Tip: Beim Schneiden vor dem letzten Blatt ein Stück stehenlassen, der Zweig könnte sonst eintrocknen.

1

2

3

4

5

6

7

Die tropischen Feigen sind ideale Zimmerpflanzen.

Ficus pumila mag nasse Füße.

Diese Feigenart kommt mit wenig Licht aus.

Ficus pumila
Kletter-Feige

Herkunft: Nordvietnam, südliches China, südliches Japan, Riukiu-Inseln, Taiwan.
Pflege: Sehr einfach.
Standort: Hell, aber keine pralle Sonne.
Luftfeuchtigkeit: Mittel.
Gießen: Reichlich.
Düngen: III–IX alle 2–3, X–II alle 4–6 Wochen.
Schädlinge: Wenig anfällig.
Umpflanzen: Alle 2–3 Jahre.
Erdmischung: 3 T Torf, 1 T Humus, 1 T Lehm, 1,5 T Lavasand.
Schneiden: Zu lang gewachsene Triebe auf 1–3 Blätter einkürzen.
Drahten: Leicht, die Kletter-Feige ist eine Liane.
Hinweis: Kletter-Feigen gedeihen sogar in blankem Wasser (Sumpfpflanzen).

Mein Tip: Kletter-Feigen gestaltet man meist im Kaskadenstil. Besonders reizvoll ist es, sie wie den einheimischen Efeu zu formen: Eine Moorkienwurzel (im Aquarienhandel erhältlich, verrottet nicht) mit kräftigem Draht in der Schale fixieren und eine Kletter-Feige mit Bast daran anbinden. Die Seitenäste waagerecht drahten und regelmäßig stutzen.

Ficus schlechteri

Herkunft: Südasien.
Pflege: Einfach. Braucht wenig Licht.
Standort: Nord-, Ost- oder Westfenster, keine direkte Sonne.
Luftfeuchtigkeit: Mittel.
Gießen: Immer mäßig feucht halten.
Düngen: III–IX alle 2–3 Wochen, X–II alle 4–6 Wochen.
Schädlinge: Wenig anfällig, eventuell Rote Spinne.
Umpflanzen: Alle 1–2 Jahre.
Erdmischung: 3 T Torf, 1 T Humus, 1 T Lehm, 1,5 T Lavasand.
Schneiden: Zu lang gewachsene Triebe auf 1–3 Blätter einkürzen.
Drahten: Leicht (weiches Holz). Wegen der zarten Rinde Draht nach 6 Monaten entfernen.
Hinweis: Diese Feigenart wächst im Unterholz der Urwälder. Sie gedeiht sogar im Wohnzimmer ohne Zusatzbeleuchtung.

Mein Tip: *Ficus schlechteri* kann man leicht zur Wurzelform gestalten (→ Seite 12) oder über einen porösen (Lava-) Stein wachsen lassen. Dazu zieht man die von Erde grob befreite Wurzel über den Stein, bindet sie mit Bastfäden an und steckt alles in eine Plastiktüte, die am Boden etwas Erde enthält – bis die Pflanze angewurzelt hat

Eine robuste, wunderschöne Pflanze: der Lackblattbaum.

Die Ming-Aralie: eine Pflanze für Könner.

Schefflera actinophylla
Lackblattbaum

Herkunft: Nordost-Australien, Neu-Guinea.
Pflege: Einfach.
Standort: Sehr hell, aber im Sommer keine pralle Mittagssonne.
Luftfeuchtigkeit: Mittel.
Gießen: Mäßig. Ballen nie austrocknen lassen.
Düngen: Mäßig. IV–IX alle 4, X–III alle 6–8 Wochen.
Schädlinge: Wenig anfällig.
Umpflanzen: Alle 2 Jahre.
Erdmischung: 2 T Torf, 2 T Humus, 1 T Lehm, 1,5 T Lavasand.
Schneiden: Alle Triebe wachsen senkrecht, sie können jederzeit auf die gewünschte Höhe eingekürzt werden. *Schefflera* treibt auch aus dem kahlen Holz willig wieder aus.
Drahten: Schwierig, das Holz ist unelastisch.
Hinweis: Lackblattbäume werden häufig auf Lavastein wachsend angeboten.
Diese Pflanzen stellt man am besten in ein Tablett mit Kies- oder Lecatonfüllung (→ Seite 17).

Mein Tip: *Schefflera* bis ins kahle Holz einkürzen, dann eine Plastiktüte überstülpen, bis sie neue Blätter gebildet hat.

Polyscias fruticosa
Ming-Aralie

Herkunft: Tropisches Asien.
Pflege: Heikel.
Standort: Möglichst hell, aber keine pralle Mittagssonne.
Luftfeuchtigkeit: Sehr hoch.
Gießen: Reichlich. Unbedingt Staunässe vermeiden.
Düngen: III–IX alle 2–3, X–II alle 4–6 Wochen.
Schädlinge: Wenig anfällig.
Umpflanzen: Alle 2 Jahre.
Erdmischung: 1 T Torf, 3 T Humus, 2 T Lehm, 2 T Lavasand.
Schneiden: Zu lang gewachsene Triebe auf 1–3 Blattpaare einkürzen.
Drahten: Möglich, das Holz ist weich.
Hinweis: Im Blumenhandel werden mehr als 6 verschiedene *Polyscias*-Arten angeboten, sie haben die gleichen Pflegeansprüche.

Mein Tip: Diese Pflanze können Sie erfolgreich in einem Bonsaiterrarium (→ Seite 16) kultivieren. Um im Pflanzgefäß für einen guten Wasserabzug zu sorgen, vor dem Einpflanzen eine fingerdicke Drainageschicht aus feinem Lecaton oder kalkfreiem Aquarienkies auf den Schalenboden geben.

Pflanzen der Trockensteppe

Die hier vorgestellten Pflanzenarten sind für den noch ungeübten Liebhaber von Zimmer-Bonsai sehr zu empfehlen, sie machen so gut wie keine Pflegeprobleme. Tropische Trockensteppen haben jährlich ein bis zwei kurze Regenzeiten. Die langen Trockenperioden überstehen die Pflanzen mit wasserspeichernden Organen oder langen Pfahlwurzeln, die bis zum Grundwasserspiegel reichen.
Sie wollen einen sehr hellen Fensterplatz und sauerstoffreiche Pflanzerde. Zum Teil können sie für wenige Tage sogar völlig austrocknen, bis die Speicherblätter Falten werfen, beziehungsweise die zarten Blätter abgeworfen werden. Wenn man anschließend vorsichtig gießt und allmählich (im Lauf von 2–3 Wochen) die Wassergaben wieder auf das normale Maß erhöht, reagieren sie mit spontaner Verzweigung und einem reichen Blütenflor. Für die meisten Sukkulenten ist die beste Jahreszeit für diese Trockenperiode Juli–August, sie blühen größtenteils im Spätwinter bis zum zeitigen Frühjahr.

◁ *Portulacaria afra. Strauchportulak aus Südafrika. Frei aufrechte Form (MOYOGI). Pflegeansprüche wie Pflanzen auf Seite 58.*

Sarcocaulon rigidum
Buschmannskerze

Herkunft: Namibia.
Pflege: Einfach.
Standort: Sonnig.
Luftfeuchtigkeit: Gering.
Gießen: Mäßig.
Düngen: Alle 4–6 Wochen.
Schädlinge: Grauschimmel.
Umpflanzen: Alle 2 Jahre.
Erdmischung: 3 T Humus, 2 T Lehm, 2 T Lavasand.
Schneiden: Scharfer Rückschnitt möglich.
Drahten: Möglich.
Hinweis: Die Pflanze blüht das ganze Jahr über, Blütenöffnung nur bei Sonne.
Warnung: Verletzungsgefahr an den langen Dornen.
Mein Tip: Vor Gestaltung Dornen abschneiden.

Adenium obesum ☠
Wüstenrose

Herkunft: Ostafrika.
Pflege: Einfach.
Standort: Sonnig.
Luftfeuchtigkeit: Gering.
Gießen: Mäßig.
Düngen: Alle 4 Wochen.
Schädlinge: Grauschimmel.
Umpflanzen: Alle 2 Jahre.
Erdmischung: 3 T Humus, 2 T Lehm, 2 T Lavasand.
Schneiden: Scharfer Rückschnitt nach der Blüte.
Drahten: Möglich.
Warnung: Der Saft der Wüstenrose ist sehr giftig.

Schöne, prächtige Blüten das ganze Jahr über.

Adenium obesum (Wüstenrose) blüht überreich.

1

2

3

4

5

Einziger Anspruch der Gehölze aus tropischen Trockensteppen: ein heller Fensterplatz und mäßiges Gießen.

1 *Crassula arborescens*
Dickblattbaum
Herkunft: Südafrika.

2 *Euphorbia balsamifera*
Baumwolfsmilch
Herkunft: Kanarische Inseln, Westafrika.

3 *Euphorbia milii*
Christusdorn
Herkunft: Madagaskar.

4 *Trichodiadema stellatum*
Stachelkrönchen
Herkunft: Südafrika.

5 *Brachychiton rupestris*
Flaschenbaum
Herkunft: Australien.

Pflege: Einfach.
Standort: Sonnig, im Sommer auch im Freien, jedoch nicht längerem Regen aussetzen.
Luftfeuchtigkeit: Gering.
Gießen: Mäßig feucht halten.
Düngen: Alle 4 Wochen.
Schädlinge: Gegen tierische Schädlinge kaum anfällig, bei zu hoher Feuchtigkeit kann Grauschimmel auftreten.
Umpflanzen: Alle 2 Jahre.
Erdmischung: 3 T Humus, 2 T Lehm, 2 T Lavasand.
Schneiden: Rückschnitt bis ins alte Holz bei allen Arten möglich.
Drahten: Gut möglich. Da das Holz zum Teil sehr weich ist, Drähte ohne Druck anlegen.

Warnung: Die *Euphorbia*-(Wolfsmilch-)Arten enthalten einen stark haut- und schleimhautreizenden Milchsaft.

Mein Tip: *Crassula* blüht II–III, wenn man sie im Hochsommer 4–6 Wochen lang recht trocken hält.
Euphorbia balsamifera verzweigt sich spontan, wenn sie im Hochsommer kurz (eine Woche) austrocknet. Zu lange Triebe kann man stutzen, der austretende Saft schadet der Pflanze nicht.
Euphorbia milii läßt sich gut gestalten und drahten, wenn man zuvor alle Dornen abgeschnitten hat. Pflanze wegen des Milchsaftes sofort übersprühen und am nächsten Tag gestalten.
Trichodiadema bildet anstatt eines Stammes dicke Speicherwurzeln. Pflanzen Sie Ihr Bäumchen so hoch ein, daß der größte Teil der Knollen sichtbar ist. Die weichen Äste lassen sich gut drahten.
Brachychiton verzweigt sich nur dann gut, wenn man bis ins alte Holz zurückschneidet. 2–3 Blätter sollten an dem Aststummel stehenbleiben, sonst könnte die Pflanze vertrocknen. Der knorrige, wasserspeichernde Wurzelhals sollte frei sichtbar bleiben.

Besonders exotisch: Rhapis excelsa.

Ein Palmenwäldchen ist eine Zierde für jedes Zimmer.

Rhapis excelsa
Rhapis humilis
Steckenpalme

Herkunft: Südostchina, in Taiwan und im südlichen Japan eingebürgert.
Pflege: Nicht ganz einfach, kühle Überwinterung erforderlich.
Standort: Sehr hell, nur im Hochsommer (VI–IX) keine pralle Mittagssonne. Im Winter (XI–II) sollte die Temperatur 12–15 °C nicht übersteigen. Es reicht aus, die Pflanze knapp frostfrei zu überwintern.
Luftfeuchtigkeit: Ziemlich hoch. Die Pflanze in einem Bonsaiterrarium aufzustellen ist jedoch nicht ratsam. Steckenpalmen wollen frische Luft. Außerdem können sie von Schädlingen befallen werden.
Gießen: Reichlich, aber Staunässe vermeiden. Die Wurzeln sind empfindlich.
Düngen: III–IX alle 2 Wochen, X–II alle 4–6 Wochen.
Schädlinge: Anfällig gegen Wollaus.
Umpflanzen: Jährlich, am besten im Frühjahr (II–IV).
Erdmischung: 1 T Torf, 3 T Humus, 2 T Lehm, 1 T Lavasand.
Schneiden: Zu lang gewachsene Wedel ganz entfernen, Palmen verzweigen sich nicht.
Drahten: Möglich, aber nicht ratsam.
Hinweis: Die Steckenpalme reagiert auf zu trockene und zu warme (Heizungs-)Luft mit braunen Blattspitzen. Hier können sich Pilzinfektionen einschleichen. Verfärbte Wedel sogleich entfernen und die Pflanze kühler stellen.

Mein Tip: Diese Palmengattung bildet Ausläufer aus. Die einzig mögliche Stilform ist die Waldform (YOSE-UE).
Die beiden *Rhapis*-Arten werden meist in blanker Lehmerde angeboten. Wechseln Sie dieses ungeeignete Substrat gegen eine pflanzengemäßere Bonsaierde aus:
Zunächst wird die äußerste Lehmschicht 2–3 Fingerbreit herausgelöst und durch Bonsaierde ersetzt. Im Abstand von mindestens einem halben Jahr kann man dann aus dem inneren Bereich weitere Lehmbrocken herauslösen. Gehen Sie bei dieser Arbeit behutsam vor, damit möglichst wenige Faserwurzeln beschädigt werden. Wenn Sie gleichzeitig einen Teil der Wedel entfernen, kann die Wurzel problemlos eingekürzt werden.

Bonsai-Clubs

Bonsai-Club, Verein europäischer Miniaturbaumfreunde e.V., Postfach 106209, 6900 Heidelberg 1
Redaktion: Wolfgang Zimmer, Weiherstr. 9, 6908 Wiesloch
Österreichischer Bonsai-Club, Helene Neundlings, Prechtlerstr. 27, A-4300 Linz
Schweizer Bonsai-Club, Postfach, CH-5107 Schinznach-Dorf

Blumengeschäfte, Gartencenter, Gärtnereien

Bonsai-Centrum Edling, Budapester Str. 2, 1000 Berlin 30
Japan-Bonsai, Inh. Pfeifer, Krumme Str. 52/Ecke Kantstr., 1000 Berlin 12
Bonsai-Blumen-Boutique 46, Inh. Chr. Gromadecki, Mehringdamm 46, 1000 Berlin 61
Pluta Gartencenter, Buckower Chausee 76-79, 1000 Berlin 48
Rothe Gartenbau, Inh. Grille, Clayallee 282, 1000 Berlin 37
Die Palme, G. Seidler, Kurfürstendamm 102, 1000 Berlin 31
Wolfgang Bulda, Rübenkamp 5d, 2000 Hamburg 60
Bonsai-Garten W. Tunnat, Gärtnerstr. 24, 2000 Hamburg 20
Bonsai-Fachgeschäft S. Markwart, Röpraredder 2, 2050 Hamburg 80
Blumen Fox, Lloyd-Passage 8, 2800 Bremen 1
Bonsai Börse Bernward Wagner, Leipziger Str. 49, 2800 Bremen 1
Miniaturbaum KG, Bonsai-Center Hannover GmbH, Hebbelstr. 67, 3000 Hannover 1
Bonsai-Studio Müller, Spandauer Weg 16, 3400 Göttingen, Geismar
Blumen-Schmid, Fuldatalstraße, 3500 Kassel
Bonsai-Centrum Neuss, Baumschule Nabben, Schwarzer Weg 19, 4040 Neuss-Reuschenberg
Bonsai-Centrum Niederrhein, Wolfgang Dethmers, Hülsdonker Str. 57, 4130 Moers 1
Bonsai-Zentrum Münster, Dipl.-Ing. Wolfgang Klemend, Weseler Str. 57, 4400 Münster
Blumen Janßen, Ritterstr. 29, 4800 Bielefeld 1
Bonsai-Schule Enger, Hermann Pieper, Feldstr. 21, 4904 Enger/Steinbeck
Bonsai-Zentrum Bünde, Blumen Richter, Holserstr. 49, 4980 Bünde
Blumen Herold, Inh. H. Willms, Hahnenstr. 33, 5000 Köln
Bonsai-Schule Schneider-Odenthal, 5068 Odenthal-Scheuren
Blumen Kiekuth – Bonsai-Centrum, Wittener Str. 306, 5600 Wuppertal-Oberbarmen
Bonsai-Zentrum Frankfurt, Blumen-Rost am Zoo, Sandweg 6, 6000 Frankfurt/Main 1
Bonsai-Studio Horlache, H. Schluckebier, Kranichstr. 47, 6090 Rüsselsheim
Bonsai-Studio Kögler, Oranienstr. 14, 6200 Wiesbaden
Bonsai-Centrum Wiesbaden, W. Hohensee, Friedrich-Naumann-Str. 18a, 6200 Wiesbaden
Bonsai-Kunst Hanne Schulz, Zur Gerbersmühle, 6200 Wiesbaden-Breckenheim
Bonsai Alexa Dengler, Sudetenstr. 3, 6253 Hadamar 2
Helgas Bonsai-Garten, Altenfeldsweg 9, 6300 Gießen
Bonsai-Garten H. Peschmann, Adenauer Allee 9, 6370 Oberursel
Bonsai-Studio Altenstadt, Christa Triesch, Pappelweg 8 6472 Altenstadt 1
Bonsai-Kunst Kiefer, Stephanstr. 3, 6600 Saarbrücken 3
Bonsai-Centrum Heidelberg, Mannheimer Str. 401, 6900 Heidelberg 1
Bonsai-Studio Birkenau, Zimmerstr. 1-3, 6943 Birkenau/Odenwald
Bonsai-Studio Heinz Heim, Schlachthausstr. 22, 7060 Schorndorf
Bonsai Studio Heinz Flinspach, Wilh.-Schmid-Str. 15, 7129 BRA-Meimsheim
Bonsai-Centrum-Enz, Inh. W. Schniz, Brunnengasse 17, 7130 Mühlacker-Dürrmenz
Bonsai-Ecke Schwarz, Haugweg 19, 7141 Murr
Bonsai-Studio Tuttlingen, A. König, Rotwildstr. 30, 7200 Tuttlingen
Bonsaistudio Tilo Rollwa, Christophallee 5, 7530 Pforzheim
Bonsai Studio Baden-Baden, Friesenbergstr. 27, 7570 Baden-Baden
Bonsai-Centrum München, A. Bauer, Toni-Pfülf-Str. 14, 8000 München 50-Lerchenau
Garten-Center Seebauer KG, Ottobrunner Str. 61, 8000 München 83
Samen-Schmitz, K.-Hammerschmidt-Str. 14, 8011 Aschheim/Dornach
Garten-Center Würstle, Dachauer Str. 65, 8080 Fürstenfeldbruck
Blumen Bierhals, Inh. P. Erzberger, Im Rathaus, 8450 Amberg
Bonsai-Galerie R. Weißflock, Schlotfegergasse 40, 8500 Nürnberg 1
Bonsai-Centrum Langensendelbach, Günter Weigand, Adlitzer Weg 5, 8521 Langensendelbach/Erlangen
Bonsai-Studio Thomas Neuf, Virchowstr. 5, 8700 Würzburg
Bonsai-Gerl, Bonsaiweg 1, 8718 Prichsenstadt/Kirschschönbach
Blumen-Frohsinn GmbH, Hubert Groha, Frohsinnstr. 9, 8750 Aschaffenburg
Dehner, Stammhaus mit Garten-Center, 8852 Rain am Lech
Allgäuer Bonsai Höfle, Ringweg 7, 8950 Kaufbeuren
Bonsai-Zentrum Kurt E. Fritz, Latschauerstr. 64, A-6774 Tschagguns
Bonsai-Zentrum Hermann Zulauf AG, CH-5107 Schinznach-Dorf AG

Wichtig: Die Adressenlisten erheben keinen Anspruch auf Vollständigkeit. Eine telefonische oder schriftliche Anfrage klärt am besten über Sortimente, Spezialitäten und Verkaufsmodalitäten auf. Legen sie Ihrem Brief stets einen frankierten Rückumschlag bei. Sie erhalten dann umgehend Antwort.

Bücher und Zeitschriften, die weiterhelfen

Bücher

Lesniewicz, Paul: *Bonsai für die Wohnung.* Bonsai-Centrum, Heidelberg
Lesniewicz, Paul: *Bonsai Miniatur-Bäume.* Bonsai-Centrum, Heidelberg
Stahl, Horst: *Bonsai.* Verlag Horst Stahl, Haltern

Zeitschriften

Bonsai Club. Zeitschrift des Vereins europäischer Miniaturbaum-Freunde e.V., Weiherstr. 9, 6908 Wiesloch

So blühen und grünen sie am schönsten...

GU Pflanzen-Ratgeber – fachlich kompetent und bildschön zugleich.

GU Gräfe und Unzer

Arten- und Sachregister

Die **halbfett** gesetzten Seitenzahlen verweisen auf Farbfotos und Farbzeichnungen. U = Umschlagseite.

Wichtige Hinweise
In diesem Buch geht es um die Pflege und Gestaltung von Zimmer-Bonsai. Einige der beschriebenen Pflanzen tragen Dornen und Stacheln, an denen man sich verletzen kann.
Im Beschreibungsteil (→ Seite 39 bis 59) wird jeweils auf die Verletzungsgefahr hingewiesen. Pflanzen, bei denen Verletzungsgefahr besteht, sollten für Kinder und Haustiere unerreichbar aufgestellt werden.
Der Milchsaft von Ficus- und Wolfsmilcharten kann bei manchen Menschen Allergien hervorrufen. Auf die hautreizenden Stoffe wird in der jeweiligen Beschreibung der Pflanze hingewiesen (→ Seite 39 bis 59). Vor allem Menschen, die an Kontaktallergien leiden, sollten beim Umgang mit diesen Pflanzen unbedingt Handschuhe anziehen.
Einige der beschriebenen Pflanzen tragen Früchte, die zum Teil eßbar sind. Welche Früchte eßbar sind, ist im Beschreibungsteil ausdrücklich vermerkt. Achten Sie unbedingt darauf, daß Kinder und Haustiere andere Früchte nicht essen, da sonst erhebliche gesundheitliche Störungen auftreten können.

Ulmus parvifola (Japanische Ulme), gestaltet als Geneigter Stamm (SHAKAN). ▷

Die Fotografen:
Bajohr: Seite 41/3; Burda/mein schöner Garten: Seite 3 u.l./o.M., 22, 23, 24, 25, 35 o.M./o.r.; Dinter: Seite 41/2; Garnweidner: Seite 42/5; König: Seite 42/2; Layer: Seite 42/1; Pfisterer: Seite 8, 28, 29, 48/4, 55 r.; Riedmiller: Seite 11 u., 13 l., 15, 44, 52, 59; Schmidt-Thomé: Seite 38; Schulz: Seite 41/1; Strauß: Seite 58; Wothe: Seite 42/3; Stork: alle übrigen.

CIP-Titelaufnahme der Deutschen Bibliothek

Pfisterer, Jochen:
Zimmer-Bonsai: so gedeihen sie am besten; Experten-Rat für Kauf, Pflege und Gestaltung / Jochen Pfisterer.
Mit Farbfotos von Jürgen Stork u. a. Pflanzenfotografen.
– 1. Aufl. – München:
Gräfe u. Unzer, 1989
(GU-Pflanzen-Ratgeber)
ISBN 3-7742-4243-7

1. Auflage 1989

Redaktionsleitung: Hans Scherz
Redaktion: Renate Weinberger
Lektorat: Elke Angres,
Christine Schulze Buschoff
Herstellung:
Johannes Schmidt-Thomé
Produktion: Helmut Giersberg
Umschlaggestaltung:
Heinz Kraxenberger

Satz: Schwanke+Holzmann
Reproduktion: Ludwig
Druck und Bindung: Kösel

ISBN 3-7742-4243-7